Georg Wilhelm August Kahlbaum

Theophrastus Paracelsus

Georg Wilhelm August Kahlbaum

Theophrastus Paracelsus

ISBN/EAN: 9783743348523

Hergestellt in Europa, USA, Kanada, Australien, Japan

Cover: Foto ©ninafisch / pixelio.de

Manufactured and distributed by brebook publishing software (www.brebook.com)

Georg Wilhelm August Kahlbaum

Theophrastus Paracelsus

Theophrastus Paracelsus.

Ein Vortrag,

gehalten zu Ehren

Theophrast's von Hohenheim

am 17. Dezember 1893

im Bernoullianum zu Basel

von

Georg W. A. Kahlbaum.

BENNO SCHWABE.
Schweighauserische Verlagsbuchhandlung.
Basel 1894.

Vorbemerkung.

Bei Gelegenheit von Vorlesungen über die Geschichte der Chemie im Wintersemester 1888 bin ich der Figur Theophrast's von Hohenheim zuerst selbständig näher getreten und habe dieselbe seither nie ganz aus den Augen verloren; die Feier seines 400sten Geburtsfestes gab den äussern Anstoss, mich neuerdings wieder intensiver mit ihm zu beschäftigen. Ich habe vielerlei aus seinen Schriften gelesen und, wie ich denke, so ziemlich alles, was Nennenswertes über ihn geschrieben worden ist. Trotzdem will ich mich von vornherein ausdrücklich dagegen wahren, als wollte ich den Anspruch erheben, für einen „Paracelsusforscher" zu gelten. So hohen Titels berühme ich mich keineswegs. Die Paracelsusforschung ist ein so schwieriges Gebiet, dass sie die volle Arbeitskraft eines Mannes auf Jahre in Anspruch nimmt, wenn nur einiges Neue und von Wert geleistet werden soll. Mir aber standen nur einzelne Mussestunden für meine „Paracelsusliebhaberei" zur Verfügung, was ich also in den folgenden Seiten bringe, kann den Anspruch, etwas Neues zu sein, nicht erheben. Ich habe versucht, das Bild des Mannes, wie es sich mir darstellte, im Gegensatz zu den älteren noch immer viel verbreiteten Anschauungen zu geben, meine Thätigkeit ist also eine reine reproduktive.

Bei meinen Arbeiten sind mir von neuen Werken besonders die selbstständigen Forschungen Karl Mook's, Karl Aberle's, Eduard Schubert's und Karl Sudhoff's von grösstem Nutzen gewesen, besonders der letztere hat für unsere Kenntnis Hohenheim's so ausserordentlich viel geleistet, dass es mir Bedürfnis war, ihm meine Schrift zuzueignen, und danke ich ihm, dass er das zu thun mir gestattet hat. Ihm gehört zuerst der Dank aller derer, die sich mit Hohenheim beschäftigen.

Zu besonderem Dank bin ich weiter vor allem Herrn Dr. Petter, dem Direktor des Museum Carolino Augusteum zu Salzburg, für sein freundliches Entgegenkommen wie in Salzburg selbst, so auch durch Überlassung einer Reihe von Schriften und Manuscripten aus der Paracelsus-Sammlung des Museums, verpflichtet, und nicht minder Herrn Dr. Hans Bösch, Direktor des Germanischen Museums, für die freundliche Überlassung seltener Werke aus der Bibliothek dieser Anstalt. Ebenso schulde ich Dank Frau Dr. Schubert in Frankfurt a. M. und der Firma William Wesley & Son in London, in deren augenblicklichem Besitz sich die hinterlassene Paracelsus-Bibliothek des Herrn Dr. Eduard Schubert befindet und die mir, mit der gütigen Erlaubnis der Frau Dr. Schubert, Karl Mook's ungedruckte Tübinger Dissertation von 1865 in zuvorkommendster Weise zusendete.

Die Form des Vortrages habe ich auch bei der Drucklegung gewahrt, wenngleich derselbe etwas erweitert worden ist, die 60 Minuten, die mir zum Sprechen nur zur Verfügung standen, erheischten sorgfältigste Beschränkung. Auch die auf die Basler Verhältnisse im besonderen bezüglichen Stellen sind stehen geblieben; dass solche auch in Bezug auf Hohenheim selbst betont worden, ist wohl nur natürlich, da der Vortrag für Basel bestimmt war. Bei den citierten Stellen habe ich mich nicht immer streng an die Orthographie der mir vorgelegenen Originale gehalten, weil das nur da, wo mir von Paracelsus selbst besorgte Ausgaben hätten zur Verfügung stehen können, und ich war nur einmal in der Lage, eine solche zu benutzen, einen Sinn gehabt hätte. Ich habe deshalb für solche Stellen nur eine im allgemeinen altertümliche Schreibweise, die das Verständnis jedoch nicht erschwert, des besseren Herausfallens wegen gewählt.

Gütenbach, auf dem Schwarzwald,
an der Jahreswende 1893.

Georg W. A. Kahlbaum.

Hochverehrte Anwesende!

Es ist kein Zufall, dass ich am heutigen Tage vor Ihnen über Theophrastus Paracelsus spreche, denn wenn wir eine heut recht verbreitete Annahme uns zu eigen machen wollen, so hätte das Schweizervolk allen Grund, den heutigen Tag festlich zu begehen, denn gerade heute, am 17. Dezember, sollen es 400 Jahre her sein, dass an der Sihlbrücke bei Einsiedeln im Kanton Schwyz der Mann geboren wurde, über dessen Leben ich Ihnen heute berichten will: Theophrastus Paracelsus, der bedeutendsten einer, wenn nicht der bedeutendste Schweizer, der je gelebt hat.

Wie wenige andere ist er verlästert worden, wie kaum ein anderer auf den Schild gehoben, ein beständig trunkener Narr von den einen, ein Herrscher im Gebiete des Wissens von den anderen genannt worden, von diesen mit Kot beworfen, von jenen als ein Erlöser gepriesen; von vielen gefälscht, von wenigen verstanden, immer und immer aber der Beachtung aller sich aufzwingend; — wie gewaltig veranlagt, wie mächtig und bedeutend an Können musste der Mann sein, der kaum zwei Mannesjahre seines kurzen Lebens hindurch sesshaft an hervorragender Stelle wirkend, sonst immer meist in bitterer Armut umher irrend, dennoch so packend, so nachhaltig, so tiefgreifend wirkte.

Es darf ohne weiteres gesagt werden, dass es in der ganzen Geschichte der menschlichen Entwicklung kein zweites Beispiel dafür giebt, dass über den gleichen Mann die Urteile so widersprechend lauten, von den noch fast als Zeitgenossen zu betrachtenden Giordano Bruno und Thomas Erastus an, bis auf unsere Zeit. Von diesen sagt der erstere: „Paracelsus hat augenscheinlich eine tiefere Kenntnis der Heilkunst und Heilmittel inne gehabt, als Galenus, Avicenna und alle Doktoren", während der andere Thomas Erastus ihn in einer besonderen Schrift auf das wütendste bekämpft und das pöbelhafteste beschimpft.

Ein geradezu klassisches Beispiel für diese Doppelstimmung über Hohenheim giebt uns die Rede, die zur zweiten Säkularfeier unserer Universität im Jahre 1660 der damalige Rektor, Lukas Gernler, ein Theolog, gehalten hat. In derselben bringt er folgenden Satz über den ehemaligen Professor der Basler Hochschule fertig: „Theophrastus von Hohenheim nach dem Urteil der vorzüglichsten Mediziner ein Mann von grossem Geiste, ja, wenn man seine Schriften mit in Betracht ziehen will, der allergrössten einer, dem jedoch wieder andere, die es ablehnen, ihm zu folgen, kaum einen Platz unter den Köchen, Aschenbläsern und Köhlern einräumen wollen."

Diese Doppelstellung behält Hohenheim durch die Jahrhunderte.

In seiner Geschichte der Medicin sagt Häser von ihm: „Kaum jemals hat ein Arzt mit reinerer Begeisterung die Aufgabe seines Lebens erfasst, mit treuerem Herzen ihr gedient, mit grösserem Ernste die sittliche Würde seines Berufes im Auge behalten, als der Reformator von Einsiedeln," und J. G. Zimmermann, ein Landsmann Hohenheim's, aus Brugg im Aargäu, der Leibarzt des grossen Friedrich, sagt über den gleichen Mann: „Er lebte wie ein Schwein, sah aus wie ein Fuhrmann, fand sein grösstes Vergnügen in dem Umgang des liederlichsten und niedrigsten

Pöbels und war die meiste Zeit seines ruhmvollen Lebens hindurch besoffen."

Auch Poggendorff in seinem Handwörterbuch der Physik von 1863, der sonst nie ein Urteil seinen biographischen Notizen zufügt, geht bei Paracelsus von der sonst strenge innegehaltenen Regel ab und schreibt: „Meist unter der Hefe des Volkes lebend und der Trunksucht stark ergeben", dagegen schreibt Wolfgang Menzel in seiner Geschichte der Deutschen von ihm: „Er starb 1541 zu Salzburg; in der Kirche, wo sein Grabmal ist, sah ich noch jüngst zur Cholerazeit (es war dies 1830) vieles Volk beten."

Und wie immer, so hatte auch hier wieder das Volk in seinem Erinnern recht, recht in seinem Urteil. 300 Jahre hindurch war ihm der Mann als der Hülfe spendende, als der Arzt in Erinnerung geblieben, zu dem es wie zu einem Heiligen Hülfe erflehend betete, weil er, der allen äusseren Prunk, mit dem die damaligen Ärzte sich behängen zu müssen glaubten, verachtend dennoch die denkbar höchste Auffassung von seinem Berufe hatte, wie er das selbst mit folgenden Worten ausdrückt:

„Wisset, dass ein Kranker Tag und Nacht seinem Arzt soll eingebildet sein und er ihn täglich vor Augen trage; all sein Sinn und Gedanken soll der Arzt in des Kranken Gesundheit stellen mit wohlbedachter Handlung. — Ein Arzt soll kein Larvenmann sein, kein altes Weib, kein Lügner, kein Leichtfertiger, sondern ein wahrhafter Mann. — Der höchste Grund der Arznei ist die Liebe." —

Doch fragen wir uns einmal selbst, was auch wir bisher von Hohenheim gehalten haben, so fallen uns bei solcher Frage zunächst eine Fülle abenteuerlicher Namen ein, die der Mann führte, von denen uns „Bombastus" besonders in die Ohren klingt; dazu steigt der Gedanke an eine in Sein und Behaben schwülstige, wenig Ernst zu nehmende Jahrmarktsfigur in uns auf, an einen mit Wundersalben handelnden, zahnreissenden Ehrenmann mit deutlicher Familienähnlichkeit nach Doktor Eisenbarth. Dem gesellt sich bei den sogenannten Eingeweihteren zu die Bekanntschaft mit seiner groben Trunkenboldenhaftigkeit und seinem nicht minder grossen Selbstvertrauen bei mässigem Wissen. —

Prüfen wir nun einmal diese unsere Ansicht über Theophrast an der Hand seines Lebens und Thuns auf ihre Berechtigung hin.

Ich brauche Ihnen, hochverehrte Anwesende, nicht erst zu sagen, in welchem Sinne solche Prüfung ausfallen wird, aber es scheint mir gerade hier in Basel ein Akt der Pflicht zu sein, an der vierhundertsten Wiederkehr des Tages seiner Geburt ihn öffentlich von all den, gemeiner Bosheit entsprungenen Anschuldigungen und Beschimpfungen zu reinigen, und ihn heute hier in dieser Stadt, an deren gerühmter Hochschule er gelehrt hat, als den hinzustellen, der er war, als einen Mann von höchstem Wissen und edelstem Streben, der verlästert und verläumdet wurde, weil er die Wahrheit liebte und sich rücksichtslos zu ihr bekannte.

Was er für die Wissenschaft leistete, soll heut zu beleuchten unsere Aufgabe nicht sein, weil Ihnen das zum Teil aus einem Inserate der hiesigen Tagesblätter durch die Vermittelung einer Kleiderhandlung bereits bekannt gegeben ist und teils, weil bei dem unendlich Vielen, was unter dem Namen des Mannes gedruckt worden ist, die Textkritik, die wir an seinen Schriften üben müssen, zur

Zeit noch nicht genügend gefördert worden ist,*) um das Echte von dem Untergeschobenen, die Spreu von dem Weizen mit Sicherheit scheiden zu können. Zudem ist es doch wohl erste Pflicht, den Mann als solchen, als Persönlichkeit und Charakter zu rehabilitieren, ehe man zu einer Beurteilung seines Werkes übergeht.

Dass ich, der Nicht-Mediziner, das hier an dem Arzte Paracelsus unternehme, hat seinen Grund darin, dass dieser auch auf dem Gebiete der Chemie nicht weniger reformierend, ja zunächst wohl noch nachhaltiger gewirkt hat, als auf dem der Medizin. —

Hochverehrte Anwesende, jeder Mensch ist ein Produkt seiner Zeit und nur aus seiner Zeit ganz zu verstehen; wollen wir also einen Mann recht begreifen, so wird es unsere erste Aufgabe sein müssen, einen Blick auf die Zeit, in der sich sein Leben abspielte, zu werfen.

Das Leben Hohenheim's fällt in die Werdezeit einer neuen Epoche. Mit dem Tode des dritten Friedrich und der Thronbesteigung Maximilian's im Jahre der Geburt Theophrast's 1493 endet das Mittelalter, beginnt die Neuzeit. Alle jene Faktoren, die das sociale und politische Leben der Gegenwart bestimmen, sie nehmen ihren Ausgang von jenem Zeitabschnitte.

Ivan der Dritte heiratete 1472 die Tochter, Nichte oder Enkelin des letzten christlichen Kaisers des 1453 in Türkenhände gefallenen Konstantinopels und begründet damit die Rechtsansprüche Russlands auf die Balkan-Halbinsel.

1477 fällt Karl der Kühne und mit ihm sein Reich, dadurch werden Deutschland und Frankreich zu direkten Grenznachbarn.

---

*) Erst in diesem Jahre dürfen wir den 1. Band der „Kritik der Echtheit" von K. Sudhoff erwarten.

1492 entdeckt **Columbus** die Neue Welt, deren nördliche Hälfte sich in kraftstrotzendem Jugendgefühl heut anschickt, die Erbschaft des alternden Europa's, als Führerin des Erdkreises, anzutreten.

1498 zeigt **Vasco de Gama** dem Welthandel neue Bahnen, durch den Seeweg nach Indien. Die Centralstätten der Kultur, die Gestade des Mittelmeeres verlieren ihre Bedeutung und geben an England die Führerschaft im Handel ab und erst unserer Zeit wiederum blieb es vorbehalten, durch die Eröffnung des neuen Seeweges nach Indien, durch den Suez-Kanal für die Mittelmeer-Länder die Folgen der Entdeckung **Gama's** abzuschwächen.

Diesen äusseren welthistorischen Ereignissen gliedert sich nicht weniger wichtig die Erfindung der beiden Waffen der Neuzeit, die Erfindung des Pulvers und des Buchstabendruckes, an, und zu dem allem erklang von Wittenberg aus der gewaltige Orgelton der Reformation, der den Felsen Petri zerprellte, dass er nur mühsam durch Blut und Trug wieder zusammengekittet werden konnte.

Auch die Eidgenossenschaft, **Theophrast's** engere Heimat, befand sich damals in dem gleichen Werdeprozess.

Am 1. August 1291 war es gewesen, da sich „die Landleute des Thales **Ury**, die Gemeinde des Thales von **Schwyz** und die Gemeinden der Landleute des unteren Thales von **Unterwalden**, in Betracht der bösen Zeitläufte," zusammenschlossen. Seitdem war die Eidgenossenschaft, die in dem siegreichen Kampf am Morgarten die Bluttaufe erhalten hatte, über die Tage von Granson, Murten und Nancy, von Sempach und St. Jakob durch Anschuppung einer Reihe von Kantonen zu einem grösseren Staatsverbande erwachsen, der wiederum gerade heute vor 380 Jahren, am 17. Dezember 1513, zu Zürich mit dem

Appenzellerbund im „Bund der dreizehn alten Orte" seinen ersten Abschluss gewann.

So harte Kriegszeiten, wie sie die Geburtswehen der Eidgenossenschaft zeitigten, blieben natürlich auf die Bürger des Staates nicht ohne Einfluss. Für ein weibisches Gesäusel, wie „Die Waffen nieder", hatte man kein Verständnis; dagegen liebte man es, die Hand an der Wehr zu haben, und wenn es nach aussen keine Händel gab, so schlug man zur Abwechslung sich einmal untereinander die Schädel ein, wie in den Toggenburger Händeln oder den durch Ullrich Zwingli's Auftreten entfachten Streitigkeiten; das alles aber mit einem gewissen Behagen, wie dasselbe in der **Kappeler Milchsuppe** eine so sprechende Illustration gefunden hat.

„Rauh, aber gesund" ist die Signatur dieser Zeit und bezeichnend sagt Hohenheim von sich selbst und seinen Landsleuten: „**Wir Schweizer werden nicht mit Feigen, Meth und Weizenbrot, sondern mit Käse und Haberbrot auferzogen, das gibt keine subtilen Gesellen.**"

Das etwa ist in groben Zügen ein Bild der Bühne, auf der sich Theophrast's Leben abspielte, und alle Haupteigentümlichkeiten seiner Zeit spiegeln sich auch in ihm deutlich wieder. Das gährende Drängen nach Neuem, das rückhaltlose Brechen mit dem Überkommenen, das ungefüge, wuchtige Bekämpfen alles Entgegenstehenden ist kennzeichnend für seine Zeit, wie für ihn; aber auch die tiefe Innerlichkeit, die wir an den gewaltigen Männern jener Tage bewundernd gewahren, wie sich solche in so lieblicher Weise z. B. in Luther's Brief an seinen Sohn Hans zu erkennen gibt, ist ihm eigen. Ebenso ist der Mangel an Grazie, der, wie nicht geleugnet werden soll, auch ihn auszeichnete, ein Zeichen seiner Zeit und Abstammung. Sehen Sie sich, hochverehrte Anwesende, den Pfeiferbrunnen in der Spalen an: Graziös sind die Darstellungen an dem Holbein'schen Fries wahrhaftig nicht zu nennen. — Philippus Aureolus Theophrastus Paracelsus Bombastus ab Hohenheim, so hört man mit einem gewissen Schmunzeln den Mann gern nennen, um ihn an seinem Namen schon lächerlich zu machen, und es ist richtig: der Mann wäre berechtigt gewesen, von Amtswegen all diese rasselnden und klingenden Namen zu führen; aber — er that es nie, — nur seine Nachtreter glaubten dem Volke mit diesem Namenconglomerat imponieren zu müssen; nimmer und nirgends nennt er sich selbst so: in allen uns überkommenen Aktenstücken, in den wichtigsten auf ihn selbst zurückzuführenden oder handschriftlichen Dokumenten, auf den zweifellos echten, von ihm selbst noch edierten Werken nennt er sich meist einfach Theophrast von Hohenheim.

So heisst es in dem Bürgerbuch der Stadt Strassburg vom 5. Dezember 1526: „item Theophrastus von Hohenheim der Arzneidoktor hat das Burgrecht kauft."

Ebenso unterschreibt er sich in einer Eingabe an den Rat der Stadt Basel, die noch heute im hiesigen Staatsarchiv aufbewahrt wird, als: „Euer Weisheit unterthäniger Theophrast von Hohenheim."

Die gleiche Unterschrift wählt er in einem am 28. Februar 1528 an Bonifacius Amerbach gerichteten Brief, während er sich in einem zweiten, kurze Zeit darauf an den gleichen gerichteten Schreiben Theophrastus Bombast ex Hohenheim zeichnet; beide Briefe werden ebenfalls hier in Basel aufbewahrt.

Ein anderer, in Breslau im Original befindlicher Brief, der dem Jahre 1526 entstammt, an **Erasmus von Rotterdam** in Basel ist einfach „**Theophrastus**" signiert. Die Antwort des Erasmus trägt die Überschrift: „**Doctori Theophrasto Eremitae, Erasmus Roterodamus**." Also eine vollkommene Gleichform der Benennungen.

Auch in der Villacher-Urkunde über den Tod seines Vaters, in seinem Testament, dem über seine Hinterlassenschaft aufgenommenen Inventarium, in der Quittung eines seiner Legatäre, **Wessener**, wird er gleichfalls kurz **Theophrast von Hohenheim** genannt.

Der Name **Philippus** scheint ihm in der Taufe beigelegt zu sein; dafür spricht, dass derselbe auf seinem Grabsteine im Stiegenhaus der St. Sebastian-Kirche zu Salzburg eingegraben ist; dort heisst es: „**Conditur hic Philippus Theophrastus insignis medicine (!) doctor**." Geführt hat ihn **Paracelsus** äusserst selten.

Aureolus nennt er sich eigentlich nur einmal und zwar da, wo er sich in Gegensatz stellt zu **Theophrast**, dem Schüler des **Aristoteles**.

Den Namen **Theophrast** gab ihm zweifellos sein Vater, sagt doch Hohenheim selbst: „**der ich doch Theophrastus heisse arts- und taufshalber**."

Warum sein Vater, der selbst ein gelehrter Arzt war, für seinen Sohn den dem Tyrtamos von Aristoteles beigelegten Namen wählte, ob er ihm mit diesem ersten Gesteinforscher einen währschafteren Patron, wie etwa den heiligen Longinus oder St. Simplicius, mit auf den Lebensweg geben wollte, das wissen wir nicht; jedenfalls kann doch dem Sohne aus der Wahl des Vaters ein Vorwurf

2

nicht wohl gemacht werden, oder macht es jemand dem Rosegger zum Vorwurf, dass er „Petri Kettenfeier" heisst?

Der Name Paracelsus ist nichts als eine allerdings wenig klassische griechisch-lateinische Übertragung seines Geschlechtsnamens von Hohenheim, wie das aus vielen Stellen seiner Schriften, wo er sagt: „von Hohenheim, genannt Paracelsus" zur Genüge ersichtlich ist. Mit dieser Lächerlichkeit folgt er einem Zuge seiner Zeit, der aus einem Lieber: Erastus, seinen Gegner, aus einem Schütz: Toxites, seinen Freund, machte, und der noch in unserem Jahrhundert, allerdings unter Assistenz des Sakramentes der heiligen Taufe, aus dem Juden Neumann den christlichen Gottesgelehrten Neander schuf.

Dass von Unbefangenen auch damals hinter dem Namen Paracelsus nichts Übles gewittert wurde, geht zur Evidenz aus dem noch später heranzuziehenden Tagebuche Rütiners von St. Gallen hervor, der dort, wo er in klapprichtem Küchenlatein schreibt, ihn pflichtgemäss Paracelsus nennt, während er dort, wo er sich seiner deutschen Muttersprache bedient, ihn stets von Hohenheim benamst.

Die Auslegung, der Name Paracelsus sei ein weiterer Beleg für seine Überhebung, er solle bedeuten: über, höher, erhabener als Celsus, der berühmte römische Arzt, ist eitel Verunglimpfung und hämisches Geschwätz, das seinen Ursprung nimmt, wie alles besonders Gehässige und gesucht Boshafte über Theophrastus in dem Werk des aus dem nahen Auggen gebürtigen Professors der Medizin zu Heidelberg und Basel, des glühenden Verteidigers der Hexenprozesse, Thomas Erastus: Disputationum de medicina nova Philippi Paracelsi.

Es war zu jener Zeit nichts Seltenes, dem Gegner auch an seinem Namen herumzuflicken, wenn man ihn so recht nach Herzenslust zerzausen wollte, ohne viel Thatsächliches vorbringen zu können. Ein klassisches Beispiel dafür bietet uns die noch erhaltene Streitschrift Gunzo's, des Mönches des heiligen Amandus sur l'Elnon wider Ekkehard von St. Gallen; dort heisst es: „weiter habe ich erwogen, ob nicht auch der Laut seines eigenen Namens mit seiner Handlungsweise übereinstimme. Und wie? Ekkehard oder Akhar hiess der Mann, als wäre ihm schon bei der Taufe der Name eines Übelthäters vorahnungsvoll aufgeprägt worden."

Akhar war jener schnöde Jude, der aus der Beute von Jericho einen purpurnen Mantel und 200 Beutel Silbers entwendet hatte. — Solche in dem geheiligten Schutze der Klostermauern gedeihenden Giftblüten trugen weiter und weiter ihre duftigen Früchte.

Bombast ist wohl der Name gewesen, der ihm am meisten vorgehalten worden ist; fragt doch selbst Jakob Grimm im Wörterbuch unter Bombast: „Woher hatte Paracelsus den Zunamen Bombastus und in welchem Sinn?" Und doch ist es ganz klar, dass Bombast von Hohenheim der Geschlechtsname des Vaters gewesen ist und somit Paracelsus auch diesen mit vollem Recht getragen hat; denn niemand, sehen wir einmal von dem absolut unbewiesenen und unhaltbaren Zellweger-Haller'schen „Höhener von Gais" ab, hat bisher mit einem Scheine von Berechtigung auch nur anzweifeln können, dass der Einsiedler Arzt des Theophrast Vater gewesen ist, natürlich bis auf Erastus, der — unbekümmert um Gründe und Thatsachen, nur dem Hass folgend — ihm wie den Namen auch den ehrlichen Vater gern absprechen möchte.

Es steht vielmehr ausser Zweifel, dass sein Vater ein natürlicher Sohn eines Mitgliedes des edlen Geschlechtes der **Bombaste von Hohenheim** war und ein naher Verwandter jenes **Georg Bombast von Hohenheim**, der um die Mitte des sechszehnten Jahrhunderts als Grossmeister des Johanniterordens in der Commende Heitersheim im Breisgau residierte.

Von einem Verwandten **Georgs Bombast von Hohenheim** teilt uns **Johannes Schenk von Grafenberg** in seinen „Observationes medicinæ" von 1600 eine interessante Erzählung mit: Derselbe sei in einem Kampfe unter **Maximilian** leicht am Kopfe verwundet worden; zunächst sei die Wunde geheilt; bald aber hätten sich ärgere und immer ärgere Kopfschmerzen eingestellt, die, trotzdem der Kranke seitens der zünftigen Ärzte mit Guajak und Hunger fast zu Tode·kuriert worden wäre, nicht gewichen seien, bis endlich ein alter Bader in Strassburg die Wunde aufgeschnitten und den drängenden Knochensplitter entfernt habe.

Es will uns scheinen, als wenn solche Familientradition gewiss nicht ohne Einfluss auf die Entwicklung des jungen Zweiflers hätte bleiben können.

Wilhelm Bombast von Hohenheim, der Vater **Theophrast's**, war um das Jahr 1457, es ist nicht bekannt wo, geboren; derselbe war Licentiat der Medizin und liess sich in oder bei Einsiedeln als Arzt nieder; er scheint ein durchaus gebildeter Mann gewesen zu sein, dem der Besitz einer für seine Zeit bedeutenden Bibliothek nachgerühmt wird. Diese Mitteilung macht schon **Johann Baptist van Hellmont**, mit welchem Recht ist natürlich nicht mehr erweislich; doch mag dafür sprechen einmal die Wahl der Namen seines Sohnes, die offenbar auf eine Bekanntschaft mit den Gelehrten des griechischen Altertums schliessen lässt, und weiter das Zeugnis des **Oporinus**, eines Schülers Theophrast's, der erzählt, sein Meister habe ganze Seiten aus dem Galen auswendig gewusst. Solche Gedächtniskünste, die wir bei bedeutenden Männern nicht gerade selten finden, sind meist Zeugnis für eine in der Jugend ungezügelte Lesewut, zu deren Befriedigung bei Theophrast wohl die väterliche Bibliothek gedient haben mag.

Hellmont ist jedoch, wie das die Erzählung von Hohenheim's Aufenthalt in Persien erweist, eine nicht eben sehr zuverlässige Quelle, wenn es sich um biographische Notizen über das Leben dieses handelt, es mag deshalb hier darauf hingewiesen werden, dass wohl auch eine Verwechselung zwischen dem Vater und dem Lehrer Hohenheim's, Johannes Trithemius, untergelaufen sein kann. Dieser Letztere hatte bekanntlich in seinem Kloster Sponheim eine grossartige Bibliothek gesammelt; deren Ruf in den Niederlanden, Hellmont's Heimat, weit verbreitet war; hatte doch Alexander Hegius in hohem Alter noch dieselbe von Deventer aus besucht und bei seiner Rückkehr der gewaltigen Schar seiner Schüler über diese ihn mit höchster Bewunderung erfüllende Sammlung berichtet, so mochte sich wohl der Ruf derselben in den Niederlanden erhalten haben, und da sie bald nach Tritheim's Fortgang von Sponheim in alle Winde zerstreut wurde, mochte auch Hellmont die Glocken wohl läuten, aber nicht anschlagen gehört, und so die Verwechselung zu Wege gebracht haben.

Im Museum zu Salzburg wird ein Bild Wilhelms von Hohenheim als Bräutigam aus dem Jahre 1491 aufbewahrt. Ein Ausblick aus dem im Hintergrunde angebrachten Fenster zeigt eine Mühle; es kann das wohl auf die Teufelsmühle an der Sihl, an der Theophrast's Geburtshaus gestanden haben soll, gedeutet werden.

Etwa um 1492 heiratete der Vater eine Hörige des Klosters Einsiedeln, die als „Gotteshausfrau" bezeichnet wird und Vorsteherin des Krankenhauses der Abtei gewesen sein soll; ihr Name und Geschlecht ist nicht bekannt, nur erscheint nach dem Tode Theophrast's als Anwalt des Abtes zu Einsiedeln und der nächsten Blutsverwandten ein Peter Wessener, selbst „Gotteshausmann" zu Einsiedeln, in Salzburg. Derselbe spricht von dem Verstorbenen als „mein freundlicher, lieber Vetter," es wäre somit möglich, dass seine Mutter von Geschlecht auch eine Wessener gewesen sei. Offenbar als Wappen der Braut findet sich auf dem genannten Ölbild Wilhelms von Hohenheim genau der gleiche Stierkopf, jedoch ohne Nasenring, wie ihn das Siegel von Uri von 1291 zeigt.

Dieser Ehe entspross nach der ältesten Angabe am 10. November, nach einer neueren, jetzt ziemlich allgemein gültigen Annahme, heute vor 400 Jahren, am 17. Dezember 1493, Theophrast.

Die älteste Angabe über den Tag der Geburt stammt aus dem Jahre 1574, also auch bereits 80 Jahre nach der Geburt Hohenheim's, von Leonhard Thurneysser zum Thurm, dem bekannten Basler Alchimisten; dieser nennt, wie gesagt, den 10. November, ihm wird dann allgemein nachgeschrieben. Nun ist aber Thurneysser an sich schon ein höchst unsicherer Kantonist; zudem macht er in dem gleichen Satze, in dem er den 10. November nennt, zwei böse Böcke, so dass seine Autorität hier gar ins Wanken gerät; immerhin verdient er als die älteste, fast noch zeitgenössische Quelle Beachtung. Der heut allgemein angenommene 17. Dezember taucht erst seit der Mitte unseres Jahrhunderts, es ist nicht einmal mehr mit Sicherheit anzugeben bei wem zuerst, auf. Ganz sicher falsch ist der heute vor 8 Tagen in Einsiedeln gefeierte 10. Dezember; derselbe stützt sich ohne jeden Zweifel auf einen Druckfehler, der dem so verdienten Paracelsus-Forscher Prof. Dr. K. Aberle in Salzburg unterlaufen ist. Als vollkommen sicher darf allein gesagt werden, dass der Tag der Geburt Hohenheim's zwischen den 25. September und 31. Dezember 1493 zu setzen ist.

Das Entspringen Theophrast's aus der Ehe eines dem hohen Adel angehörenden Vaters, der sich nächster Verwandtschaft mit ausserordentlich hochstehenden, dazu sehr reichen Männern rühmen konnte, mit einer halbfreien Mutter, darf bei der Beurteilung der Sonderart Hohenheim's sicher nicht ausser Acht gelassen werden; denn diese Ehe führte dahin, dass nach Mutterrecht Theophrast selbst dem Kloster Einsiedeln hörig wurde. Nehmen wir dazu noch die aussereheliche Geburt des eigenen Vaters, so mag darin wohl ein Grund für sein so ausserordentlich hartes Urteil über die Frauen gefunden werden; darf doch auch nicht unbemerkt bleiben, dass er im Gegensatz zu seinem Vater seine Mutter, die allerdings früh schon gestorben zu sein scheint, in seinen Schriften niemals erwähnt.

Die Sage, Hohenheim sei als Knabe in Kärnthen beim Gänsehüten von Soldaten entmannt worden, tischt ebenfalls der würdige Erastus zuerst auf. Die Quelle allein genügt, diese Erzählung als eine gemeine Lüge zu kennzeichnen. Der Grund der Erfindung ist leicht einzusehen. Bei den gebräuchlichen engen Beziehungen von Bacchus zu Venus, störte den Erast der gänzliche Mangel dieses Tones bei der Ausführung seines Bildes offenbar auf das Empfindlichste; da aber nicht das Leiseste vorlag, das, auch bei liberalster Verdrehung, in diesem Sinne hätte verwertet werden können, so wurde diese kitzelnde, herabsetzende Eunuchengeschichte erfunden. Als sie dann einmal erlogen war, suchten gläubige Gemüter nach Bestätigung und glaubten solche in seinem haarlosen Antlitz und Schädel, wie in seinem, auch uns unverständlichen, vollkommen ablehnenden Verhalten gegenüber dem weiblichen Geschlecht zu finden. Auch ist möglicherweise darin ein Einfluss seines Lehrers Trietheim zu verspüren, der, seine Stellung als Mönch macht das einigermassen entschuldbar, eigenen Ansichten über das Weib huldigte; so schrieb dieser seinem Freunde Johannes Wallach, Dr. med. in Groningen, als der ihm seine Hochzeit mitteilte, als Glückwunsch, er, Trietheim, fühle sich doch veranlasst, ihn an das Wort des Menander zu erinnern: „Besser ist ein Weib zu begraben, als zur Frau zu nehmen." —

An seinen Werken soll man den Meister messen, die befinden sich bei den Ärzten jedoch meist auf dem Kirchhof. — So fehlen denn auch diese unverfälschten Zeugen bei Paracelsus gänzlich; statt dessen ist uns eine schier unendliche Zahl von Schriften, Karl Sudhoff z. B. zählt 376 verschiedene Ausgaben auf, unter seinem Namen erhalten geblieben, aus denen wir mit unendlichen Mühen ihn, sein Leben und sein Werk herausschälen müssen, denn nach allen Richtungen ist er gefälscht worden: von den Einen, um ihn zu erhöhen, d. h. unter und mit seinem Namen Geld zu verdienen; von den Anderen, um ihn zu erniedrigen und ihm nach seinem Tode noch um so kräftiger Eines auswischen zu können. Eigene Manuscripte von Paracelsus sind uns nicht erhalten geblieben, und wie weit sich die älteren Herausgeber Paracelsi'scher Schriften, wie seine Anhänger Adam von Bodenstein, Michael Toxites, Johann Albert Wimpinäus, M. S. Forberger, Bartholomäus Scultetus, Huser u. a.

wirklich an echte Manuscripte gehalten haben, ist ebenfalls schwer zu entscheiden; zu seinen Lebzeiten aber sind von seinen Schriften nur sehr wenige im Druck erschienen. Da heisst es denn das Messer der Kritik wohl schärfen, um das Echte vom Falschen zu trennen. Diese Arbeit ist aber, wie wir bereits erwähnten, keineswegs vollendet und so sind wir denn gar noch nicht in der Lage, heute schon ein abgeschlossenes Bild seiner Lebensthätigkeit geben zu können; nur über sein Leben selbst sind die Akten zu einem gewissen Abschlusse gelangt, so dass wir ein Bild wenigstens dieses entwerfen können.

Seine ersten Jugendjahre hat er zweifellos im Elternhause an der Sihl zugebracht, durch den gewissenhaften Vater frühe schon zum Studium der Natur angehalten, aber nicht nur zu dem des Beobachtens der ihn umgebenden lebendigen, sondern auch zum Studium der Natur aus den Büchern der Alten, wie das aus seiner schon gemeldeten Kenntnis ganzer Seiten aus den Werken Galen's u. a. mit Sicherheit geschlossen werden darf.

Dass sein Vater sein erster Lehrer war, und wie es in dem Hause des Landarztes nicht gerade üppig herging, geht aus Hohenheim's eigenen Worten hervor, die zugleich ein durchaus freundliches Licht auf den Charakter des so übelberufenen Mannes werfen. Er schreibt: „Zum ersten danken wir Gott, dass wir ein geborener deutscher Mann sind und loben Ihn der Gnaden, dass wir in Armuth und Hunger unsere Jugend verzehrt haben und freuen uns des Tags des Ends unserer Arbeit und Ruhe." An anderer Stelle deutet er das gleiche an mit den Worten: „Denn dieselbigen, die in weichen Kleidern und die in Frauenzimmern erzogen wurden und wir, die wir in Tannenzapfen erwachsen sind, verstehen einander nit wohl." Das klingt doch aus dem Munde eines Mannes, der sich rühmen konnte, aus dem edlen Hause der Bombaste von Hohenheim zu stammen und ein naher Verwandter des Grossmeisters des Johanniterordens zu sein, gewiss weder nach weihrauchsüchtiger noch nach prasselnder Prahlerei. Nicht weniger erfreulich mutet uns die folgende, auf seine Jugend und seinen ersten Unterricht bezügliche Stelle an: „Ich bedank mich der Schul, in die ich kommen bin und berühme mich keines Menschen als allein des, der mich geboren hat und mich jung unterwiesen hat," und an anderer Stelle: „Von Kindheit auf hab ich die Dinge getrieben und von guten Unterrichtern gelernt, die in der Adepta Philosophia die ergründetsten waren und den Künsten mächtig nachgründeten: erstlich Wilhelmus von Hohenheim, meinen Vater, der mich nie verlassen hat, und mit ihm eine grosse Zahl, die nit wohl zu nennen ist mit sampt vielerlei Geschriften der Alten und der Neuen."

Wieder nennt er also zunächst seinen Vater und fügt als einen hübschen Beweis seiner kindlichen Liebe hinzu: „der mich nie verlassen hat."

Dass er mit seinem Vater gemeinsam „die vielerlei Geschriften der Alten und Neuen" gelesen hat, ist uns auch ein sicherer Beweis seiner, von den Gegnern so gern angezweifelten Kenntnis der alten Sprachen, mindestens des Lateinischen, da ja Lateinisch zu jener Zeit so gut wie ausschliesslich die Schriftsprache der Gelehrten war.

Mit seinem Vater zog der neunjährige Knabe 1502 nach Villach in Kärnthen, um dort jedenfalls noch einige Jahre bei demselben zu verweilen, denn er bezeichnet Kärnthen ausdrücklich als „das andere mein Vaterland." Dort in Kärnthen sind wohl auch an der sicheren Hand seines Vaters diejenigen seine Lehrer gewesen, die er ausdrücklich als solche bezeichnet, wie der Bischof **Erhard Paumgartner** zu St. Andræ im Lavantthale, der von Seckau **Matthias Scheit**, **Matthäus Schart**, Suffraganbischof zu Freisingen, Bischof **Nicolaus** von Yppon, dazu **Johannes Trithemius**, Abt zu Sponheim, und Graf **Siegmund Füger** zu Schwaz in Tirol. Von diesen kann offenbar nur ein Teil als persönliche Lehrer aufgefasst werden, starb doch **Matthias Scheit** z. B. bereits 1503. Dagegen ist sehr wohl ein persönlicher Verkehr mit Bischof **Erhard** von Lavant, der in dem von Villach nicht sehr fernen St. Andræ erst 1510 starb, und mit dem erst 1516 ablebenden **Johannes Trithemius**, den er aus seinen Werken wohl schon in Villach kennen lernte und später im Kloster St. Jakob bei Würzburg aufgesucht haben mag, möglich. Als vollkommen sicher dürfen wir annehmen, dass er sich selbst „mit sampt einer Anzahl anderer gehaltener Laboranten" in den chemischen Küchen des Grafen **Siegmund Füger** in Schwaz im Innthale, dem ein grösserer Teil der dortigen Silberbergwerke zu eigen war, bethätigte. Das aber fällt wohl sicher erst in den Beginn seiner Wanderjahre.

Durchaus bezeichnend für **Hohenheim's** Erziehung ist es, dass unter den Lehrern **Siegmund Füger** und **Johannes Trithemius** genannt werden, die zu den praktischen Chemikern gehörten, welche die Alchemie als Goldmachekunst, wenigstens im gewöhnlichen Sinne, bekämpften, was auch von **Paracelsus** selbst gelten muss; denn alle anders gerichteten alchemistischen Schriften, die unter seinem Namen gehen, dürfen wir wohl ohne weiteres als untergeschoben bezeichnen. Ganz besonders der Einfluss des schreibgewaltigen Johannes von Trietheim lässt sich ja wohl sonst noch an Hohenheim nachweisen. Wie gegen die Astrologie, so spricht sich der Abt von Sponheim auch gegen die Alchymie deutlich genug aus, so in einem Schreiben an Germanus Ganay. Da sagt er: „Die Alchymisten wollen die Natur nachahmen und Teile machen, was Sache allein des Universellen ist, während sie die Wurzel der Naturkraft nicht kennen. Glaube daher den sehr thörichten Alchymisten nicht, weil sie Schwätzer sind und Schüler der Affen, Feinde der Natur und Verächter des Himmlischen, ohne dessen verständige Erkenntnis die Alchymie nichts ist." Dass neben den Genannten der so viel Gewanderte noch andere Lehrer hätte aufzählen können, liegt auf der Hand und geht aus den eigenen Worten: „eine grosse Zahl, die nit wohl zu nennen ist, mit sampt vielerlei Geschriften der Alten und der Neuen" und „viel Äbt... und dergleichen mehr, und viel unter den andern Doktoren und dergleichen... und ein lange Zeit her durch viel Alchimisten, die in solchen Künsten gesuchet haben" mit wünschbarster Deutlichkeit hervor. Bestimmte Männer dazu aber noch nennen zu wollen, ist ein völlig müssiges Beginnen. Wohin dergleichen führt, zeigt am besten der schon von Johann Baptist van Hellmont, einem entschiedenen Anhänger Theophrast's in seinem posthum von seinem Sohne herausgegebenen „Ortus Medicinæ", von 1648 als solcher bezeichnete Basilius Valentinus, von dem heut als feststehend angenommen werden darf, dass er überhaupt niemals existiert hat, sondern erst um 1600 von Johannes Tölde, Mitglied des Rates und Pfannenherr zu Frankenhausen in Thüringen, einem jener klassischen Mystifikatoren, an denen die beginnende Neuzeit wie das ausklingende Mittelalter nicht gerade arm ist; ich erinnere nur an einen **Hunibald**, den Geschichtsschreiber, einen **Meginfried** von **Fulda** oder den sogenannten **Johann von Mandeville**, freihändig erfunden wurde. Zur Beurkundung der Nichtexistenz eines **Basilius Valentinus** mag auch dienen, dass vor dem siebzehnten Jahrhundert derselbe sich nirgend als Lehrer des **Theophrast** angegeben findet und auch **Bernhard Penot** 1608 ihn als solchen noch nicht nennt.

Über **Hohenheim's**, auf den Villacher Jugendaufenthalt folgende langen Lehr- und Wanderjahre ist uns sicheres nur wenig bekannt, nur steht aus seinen eigenen Mitteilungen so viel fest, dass er sie mit vollem Bewusstsein ihres Nutzens und nicht allein wegen seines „**peregrinierenden Charakters**", wie er sagt, nach jedenfalls sehr guter Vorbildung lang und weit ausgedehnt hat.

Wie voll bewusst er sich des Nutzens weiten Wanderns für den Arzt gewesen ist, geht zur Genüge deutlich aus seinen folgenden Worten hervor: „**Will ein Arzt ein Theoretikus sein, so muss er parambulanisch handeln, perigrinisch und mit Landstreichung die Blätter in Büchern umkehren, nicht der Mutter in dem Schoss sitzend bratene Feigen an ein Spieslein essen,**" und weiter über das gleiche Thema:

„Die Kunst geht keinem nach, aber ihr muss nachgegangen werden; darumb hab ich Fug und Verstand, dass ich sie suchen muss und sie mich nit. — Ich hab etwan gehört, dass ein Arzt soll ein Landfahrer sein, dieses gefällt mir zum Besten wohl, denn Ursach: die Krankheiten wandern hin und her, so weit die Welt ist und bleiben nicht an einem Ort. Will Einer viel Krankheiten erkennen, so wandere er auch, wandert er weit, so erfährt er viel und lernet viel erkennen. — Giebt Wandern nicht mehr Verstand, denn hinter dem Ofen sitzen? Also eracht ich, dass ich mein Wandern billig verbracht hab und ist mir ein Lob und keine Schand. Denn das will ich bezeugen mit der Natur, der sie durchforschen will, der muss mit Füssen ihre Bücher treten. Die Geschrift wird erforscht durch ihre Buchstaben, die Natur aber durch Land zu Land. Als oft ein Land als oft ein Blatt, also ist Codex Naturæ, also muss man ihre Blätter umkehren."

Dass aber das alles wahrhafter Grund und nicht etwa nacherfundene Entschuldigung für seine lange Wanderzeit ist, geht unter anderem deutlich aus seinem Studium der Bergkrankheit hervor, der ist er in die entlegensten Bergbaudistrikte nachgestiegen, um sie an der Quelle zu studieren, gerade so, wie man heut einen Koch an die Choleraherde nach Indien entsendet.

Doch ist seine Auffassung dessen, was da zu lernen ist, wesentlich verschieden von der heutigen, er geht den Krankheiten nicht nach, um ihr Wesen zu ergründen, desselben glaubt er aus seiner Philosophie völlig sicher zu sein. Er sucht die Krankheiten da auf, wo sie am meisten vorkommen, um die Mittel zu ihrer Bekämpfung kennen zu lernen. Für diese Auffassung giebt seine Beobachtung der Frostschäden einen besonders deutlichen Beweis. Um diese von Grund auf kennen zu lernen, zieht er in das Hochgebirge, wo, schliesst er, offenbar vielfach derartige Erkrankungen vorkommen müssen, folglich die Bewohner dort auch die geeigneten

Heilmittel dagegen anzuwenden wissen werden, doch enttäuscht muss er bemerken: „ist aber ein grobes, rauhes Volk da, das auf solche Sachen keine Achtung hat, darumb bei ihnen nichts zu erholen ist."
Seine erste Wanderzeit hat sich, wie wir wohl annehmen dürfen, seiner eigentlichen Universitätszeit erst angeschlossen, er ist kaum als „fahrender Scholast" durch die Welt gezogen, sondern hat versucht, auf den hohen Schulen in der damals herrschenden Medizin sein Ziel, ein Arzt zu werden, zu erreichen, und ist, erst als ihm das da nicht gelang, gewandert.

Er sagt: „Ich bin in dem Garten erzogen, da man die Bäume abstümmelt und war der hohen Schul nicht eine kleine Zier: da aber Archeites (damit bezeichnet Paracelsus den innern Menschen) das wahrnahm, dass es mir in Hoffart und Pracht ging, ist er zu der Transplantation und sich in einen anderen Garten zu pflanzen verursacht worden."
An anderer Stelle spricht er aus, dass er unbefriedigt von seinem erlernten Können von der Medizin gelassen habe, „in andere Händel gefallen, dann aber zurückgekehrt sei: jedoch aber wiederumb in die Kunst gedrungen, doch funden den Spruch Christi: die Gesunden bedürfen keines Arztes, allein die Kranken. Dieser Spruch bewegete mich so viel, dass ich mir musste ein anderes fürnehmen, fürsetzen, nämlich, dass die Kunst nach Inhalt des Spruches Christi wahrhaftig und gerecht werde und in ihr nichts von Geistern zur Verführung, sondern in Nöten eine bewährte, nothafte Kunst, allen Kranken nützlich und hülflich zu ihrer Gesundheit.

„Da ich mir das vornahm, war von Nöten zu bedenken, was doch die Arzney war, die ich aus Büchern und andern gehört hatte. Befand so viel, dass ihrer keiner diese Kunst im Grund gewusst noch erfahren, noch verstanden hat, und dass sie um die Kunst der Arzney gangen sind und noch gingen, wie ein Katz um den Brei, und dass sie lehrten, das sie selbst nicht wussten, dass sie ihr Disputieren nicht verstünden, und dass sie die Kranken heimsuchten und ratschlagten und kannten weder die Krankheit noch die Kunst dazu. Schreier und Schwätzer waren sie in Pracht und Pomp und war mit ihnen nichts als ein Totengrab, das auswendig schön ist.

„Auf solches ward ich gezwungen, fürbass zu suchen, der selbigen jetzt gemeldetes böses Lügen zu verlassen und einem andern Grund nachzufahren, der da unbefleckt sei mit gemeldetem Fabeln und Klappern."

Paracelsus hat also mit allem Eifer auf den hohen Schulen die Alten studiert, sagt er doch ausdrücklich an anderer Stelle: „Ich bin wohl so stark und hefftig uff ihr Leyern gelegen als sie", als er aber erkannt hatte, wie da Steine für Brot gereicht wurden, und sah: „dass die Arzney eine ungewisse Kunst sei, die nicht gebührlich sei zu gebrauchen, nicht billig mit Glück zu treffen, einen gesund zu machen, zehn dagegen zu verderben," da wandte er sich und suchte selbst neuen Grund und Boden, studierte weiter an allen Orten und bei allen möglichen Gesellen.

So sagt er denn: „Hab also die hohen Schulen erfahren lange Jahr bei den Deutschen, bei den

Italischen, bey den Frankreichischen und den Grund der Arzney gesucht, mich nicht allein derselben Lehren und Geschriften und Büchern ergeben wöllen, sondern bin weiter gewandert gen Granada, gen Lizabon, durch Hispanien, durch Engelland, durch die Mark, durch Preussen, durch Littauen, durch Polen, Ungarn, Wallachei, Siebenburgen, Kroatien, auch sonst andere Länder nicht noth zu erzählen und in allen den Enden und Orten fleissig und emsig nachgefragt, Erforschung gehabt gewisser und erfahrener wahrhaften Künsten der Arzney, nicht allein bei den Doktoren, sondern auch bei den Scheerer, Badern, gelehrten Ärzten, Weibern, Schwarzkünstlern, so sich des Pflegen, bei den Alchimisten in Klöstern, bei den Gescheidten und Einfältigen."

An allen diesen Orten, die das ganze heutige civilisirte Europa umstecken, ist er thatsächlich gewesen; dess dürfen wir gewiss sein, denn in einem Schreiben an die Stände von Kärnthen protestiert er ausdrücklich gegen die schon zu seinen Lebzeiten ihn umrankenden Sagen, wenn er schreibt: „dass ich Asien und Afrika erfahren habe, ist nicht." Er war eben nichts weniger als Renommist, denn ein solcher würde mit Vorliebe jeglicher derartiger Sagenbildung Vorschub geleistet haben. Aber gerade so, wie seine Anhänger im Gegensatz zu ihm selbst, mit seinen vielen abenteuerlichen Namen glaubten prahlen zu sollen, so thaten sie es auch mit seinen angeblichen Reisen nach Finnland und Lappland, nach Persien und der Tartarei u. s. w. Viele meinten damit ihr Flittergold unter seinem Namen besser an den Mann bringen zu können, andere haben es wohl aus reiner Freude am Lügen gethan, wie besonders van Hellmont, der über Paracelsus' Aufenthalt und seine Gefangenschaft in der Tartarei einen ganzen Roman zusammendichtete.

So wandernd und die Wahrheit suchend, hat Hohenheim seine Zeit genutzt, getrieben von dem heissen Drange zu lernen, wie aus eigener Erfahrung, so aus der der Anderen, und war ihm niemand zu hoch noch zu gering, überall sammelte er für sein Wissen. Sagt er doch über das Heilen äusserer Schäden:

„Ich habe gesehen zu griechisch Weissenburg einen Wallachen, der gab nicht mehr denn einen Trank zu trinken, ... ich habe gesehen in Kroatien von einem Zigeuner, der nahm ein Saft von einem Kraut, gab ihn auch zu trinken, ... ich hab auch gesehen zu Stockholma in Schweden*) einen Wundertrank bei einer edlen Frauen, ... ich hab auch gesehen einmal einen Teufelbeschwörer, der hat ein Wundertrunk, der heilet mit drei Trunken u. s. w."

Wir sehen also, wie er von allen zu lernen begierig ist, aber auch wie es die Heilmittel vor allem sind, die ihn interessieren.

Dass diese Wanderzeit nach dem Universitätsstudium erst erfolgte, geht auch daraus noch des weitern hervor, dass er schon damals nicht nur als Lernender, sondern auch als Lehrender auftrat, Beleg dafür giebt uns eine Stelle, in welcher er von seinen Schülern spricht; dieselbe lautet:

„Was ich von Ärzten geboren habe, aus den hun-

---

*) Nach meiner Ausgabe der „Grossen Wundartzney" Basel Waldkirch 1586, in den ersten Ausgaben heisst es „Stockholma in Dænemark", aus welchem Lapsus man hat ableiten wollen, Hohenheim sei nie in Stockholm gewesen.

derten von Panonia sind zwei wohl geraten, aus der Nachbarschaft Poloniae drei, aus den Regionen der Sachsen zween, aus den Slavonien einer u. s. w."

Und doch ist er später in Ungarn, Polen und Slavonien kaum mehr gewesen; auch dass Hunderte von dort aus ihm nachgereist seien, will er sicher nicht sagen, wir dürfen also wohl schliessen, dass er nicht sowohl als fahrender Schüler, denn als fahrender Lehrer einen Teil seiner Reisen gemacht hat.

Welche hohen Schulen er im besonderen besucht hat, lässt sich nicht wohl sagen und eine schriftliche Eintragung in irgend eine Matrikel ist bisher auch nicht aufgefunden worden, jedoch geht aus einer ganzen Reihe von Stellen aus seinen Werken hervor, dass er mit dem, was auf denselben getrieben wurde, recht genau bekannt war, so dass man wohl annehmen darf, dass er dieselben aus eigener Anschauung kennen gelernt hatte; so nennt er in dieser Beziehung: Tübingen, Heidelberg, Ingolstadt, Wien, Innsbruck, Leipzig, Köln, Freiburg, Kolmar, Basel, Montpellier, Toulouse, Paris, Salerno, Deventer und Zwolle. Alle diese Stätten der Wissenschaft hat er wohl schon vor seiner Basler Zeit besucht, wobei natürlich nicht ausgeschlossen bleibt, dass er die eine oder die andere später noch einmal betreten hat, wie das bei Kolmar, Innsbruck und Wien sicher der Fall war; obgleich ihn Orte, in welchen die Ärzte, denen er so gründlich die Wahrheit gesagt hatte, herrschten, kaum werden besonders angezogen haben, was auch zu einer Zeit, in welcher noch die mittelalterliche Vorliebe für handgreifliche Symbolik, wie an den Pranger stellen, stäupen u. s. w. so ausserordentlich im Schwange war, ihm kaum zu verdenken sein dürfte.

Auch die Frage, ob er den Doktortitel mit Recht geführt hat, ist aufgeworfen worden und bei seinem beharrlichen Schweigen über den Ort seiner Promotion von seinen Feinden, die ihm jede wissenschaftliche Bildung absprechen wollen, verneint worden; das aber zweifellos mit Unrecht, denn einmal wird er in einer grösseren Zahl uns überkommener behördlicher Urkunden als solcher bezeichnet; weiter unterzeichnet er sich selbst meist als „Doktor" oder „beider Arzneien Doktor", so z. B. in seiner Zueignung der „Grossen Wundarznei" an den Kaiser Maximilian, bei welcher Gelegenheit er doch kaum mit einem erlogenen Titel zu prahlen gewagt haben würde; endlich beruft er sich ganz ausdrücklich mehrfach auf seinen Doktoreid, z. B. in der folgenden Stelle: „Nun urteilet selbst wem bin ich mehr schuldig? Oder wem hab ich als ein Doktor geschworen? Dem Apotheker zu helfen aus seinen Säcken, in seine Küche? Oder den Kranken von der Küche mit seinem Nutzen?"

Diese durchaus ehrenwerte Gesinnung, die er hier wieder zu erkennen giebt, dass er nicht gesonnen sei, den Apothekern zu Verdienst, sondern seinen Kranken zur Genesung zu verhelfen, lässt es völlig ausgeschlossen erscheinen, dass er solche im gleichen Atem durch eine Lüge beschmutze.

Es ist sehr schwierig und auch unseres Amtes hier nicht, ihn auf seinen vielen Wanderungen im Einzelnen zu begleiten; sie sind in schwer durchdringliches Dunkel gehüllt; nur kurz vor seinem Auftreten in Basel lüftet sich der Schleier einigermassen. Damals hat er das Schwabenland besucht; er war in Göppingen, um den dortigen Sauerbrunnen kennen zu lernen; in Tübingen und in Rottweil, wo er, von Tübinger Studenten begleitet, eine Äbtissin behandelte;

wandte sich dem Schwarzwald zu, besuchte die Bäder Liebenzell, Wildbad und Baden-Baden, und zog wohl von letzterm Orte aus nach dem nahen Strassburg, offenbar mit der Absicht, sich dort niederzulassen; denn hier wurde er am 5. Dezember 1526 ins Bürgerrecht aufgenommen, was zugleich auf einen etwas längeren Voraufenthalt schliessen lässt. Zünftig wurde er in der Zunft zur Luzerne oder Laterne, der die Müller, Kornhändler u. s. w. angehörten, aber auch die Chirurgen, woraus Karl Sudhoff, dem wir die Ausgrabung auch dieses Faktums verdanken, wohl mit Recht geschlossen hat, dass die Strassburger Chirurgenschule ihn angezogen habe, denn der Chirurgie hat er sich nach seinem Bruch mit der Galenischen Medizin zuerst zugewendet, wie er das selbst sagt: „Ward ich gezwungen..... einem anderen Grund nachzufahren,..... erstlich in der Wundarzney, die ich als das Gewisseste noch bisher erfahren habe." — „Einst alles wie heut." — Aus dem Angeführten ergiebt sich wieder, wie ernst es Paracelsus mit seiner Kunst nahm; erst wollte er in dem: „was er als das Gewisseste bisher erfahren hatte," sich bethätigen, bevor er sich dann weiter dem Ödland der inneren Medizin zuwandte, „da nichts geärndtet wird denn Zwietracht." Denn keineswegs wollte er nur als Chirurg wirken; der moderne Specialitätenbetrieb wäre ihm sicher herzlich zuwider gewesen, was aus folgender Stelle abzuleiten: „... und sie spalten ihr Verantwortung .... also dass ein jeglicher einen anderen Grund führt, so doch in der Arzenei ein Grund ist, nicht gespalten. Aber die Ursach solches Spaltens ist die, weil sie aus Fragmenten gewachsen sind. Darum: du Doctor verantworte das, du Baccalaureus das, du Bader das Übrige."

Gekommen ist es jedoch zu einem dauernden Aufenthalt in Strassburg nicht; bevor noch seine Aufnahme ins Bürgerrecht vollzogen war, ist er bereits in Basel, von wo aus er am 10. November 1526 bereits die Zueignung seiner Schrift: „De gradibus et compositionibus receptorum etc." an Christophorus Clauser in Zürich richtet, bei welcher Gelegenheit er sich als „Phisicus et Ordinarius Basiliensis" bezeichnet. Diesem ersten Auftauchen in Basel ist noch ein Aufenthalt in Freiburg im Breisgau voraussichtlich vorzusetzen, woselbst er im Hause zum Kalb einen an einem Nierentumor erkrankten Patienten behandelt hat.

Daraus darf geschlossen werden, dass Paracelsus, nachdem er bereits den Antrag zur Aufnahme ins Strassburger Bürgerrecht gestellt hatte, um noch die Universität Freiburg kennen zu lernen, sich und zwar, wie wir wissen, schon von Schülern begleitet, dorthin begab; auf dieser Reise, vielleicht in Freiburg selbst, den Ruf nach Basel erhielt und demselben sofort Folge leistete.

Gegen die Auffassung, dass Hohenheim von Tübingen über Rottweil nach Freiburg und so nach Strassburg gezogen sei, scheint mir der Besuch der Bäder Liebenzell, Wildbad und Baden-Baden zu sprechen, da diese Route eine dreimalige Überschreitung des Schwarzwaldes voraussetzen würde, abgesehen von dem an sich äusserst unbequemen Wege Rottweil-Freiburg.

Dass dem Abwesenden dennoch das Bürgerrecht von Strassburg und die Aufnahme in eine angesehene Zunft gewährt wurde, ist auch ein Beweis für die Verlogenheit seiner Gegner, die erzählen, unsaubere Geschichten hätten ihn gezwungen, aus Strassburg zu fliehen. Bei den Schwierigkeiten, die mit der Erteilung des Bürgerrechtes und der

Aufnahme in eine Zunft damals verknüpft waren, ist daran gar nicht zu denken.

Nach Basel scheint er in Folge einer seiner glücklichen Kuren, die ihm schon damals ein hohes Ansehen verschafft hatten, rühmt er sich doch, allein 18 Fürsten, die von allen gelehrten Ärzten vergeblich behandelt worden waren, geheilt zu haben, berufen worden zu sein. Die für diesen Ruf ausschlaggebende Kur vollzog er an dem berühmten Buchdrucker Johannes Froben. Dieser hatte einen schweren Fall gethan, dessen Folgen er nicht ganz zu überwinden vermochte, dazu gesellten sich gichtische Komplikationen, die zu argen Gliederschwellungen führten, so dass die ihn behandelnden Ärzte nur noch durch eine Amputation des Fusses helfen zu können meinten. Froben, der wohl durch seine geschäftlichen Verbindungen von Hohenheim vernommen haben mochte, wandte sich an denselben und wurde alsbald so völlig hergestellt, dass er noch im Herbst des gleichen Jahres wieder weite Reisen zu Pferd machen konnte. Als nun im Jahre 1526 der Stadtarzt von Basel, der Name desselben ist nicht bekannt, starb, wurde, auf Empfehlung von Froben's Freund, Oecolampad, Paracelsus vom Rate der Stadt an diese Stelle berufen.

Ursprünglich hat es an der Basler Universität nur eine ordentliche d. h. bezahlte (daher wohl die Bezeichnung „ordentliche") Professur gegeben, während es allen Ärzten der Stadt, die zusammen die „Facultas medica" bildeten, frei stand, Vorlesungen zu halten. Als dann die Anforderungen stiegen, hatte der hohe Rat in weiser Sparsamkeit dem Stadtarzt, den er so wie so bezahlen musste, zugleich die Pflicht auferlegt, Vorlesungen zu halten und ihm damit die Rechte eines Ordinarius der Fakultät erteilt. Als Paracelsus dieser Pflicht nachkommen wollte, legte ihm die facultas medica Schwierigkeiten in den Weg, indem sie ihrerseits behauptete, nur einem von ihr approbierten Arzt stünde solches Recht zu; der neue Stadtarzt müsse sich also zunächst einer Prüfung durch sie unterwerfen; und es scheint so, als ob es der Fakultät in der That gelungen sei, Hohenheim an der Ausübung seines Rechtes, Vorlesungen zu halten, zu hindern, nachdem er dasselbe bereits eine Zeit lang ausgeübt hatte.

Abgesehen von seinem durchaus begründeten Rechtsstandpunkt mochte sich Paracelsus, der schon als energischer Neuerer bekannt war, einem solchen Ketzerprozess nicht aussetzen, da dessen Endzweck unter allen Umständen darauf hinauslief, ihm zu schaden. Er legte deshalb in einer leider nicht datirten, noch heute im hiesigen Staatsarchiv aufbewahrten Eingabe an den Rat unserer Stadt seinen Standpunkt klar, und das in einer Weise, dass er im Juni 1527, das Sommersemester hatte mit der Rektoratswahl am 1. Mai offiziell begonnen, seine Vorlesungen in dem heutigen Universitätsgebäude am Rheinsprung, dem damaligen gegenüber dem heutigen Museum sogenannten „unteren Collegium" wieder aufnehmen konnte. Die Eingabe ist aber auch noch in anderer Beziehung von erheblichster Wichtigkeit und zeigt uns, wie ungeheuer ernst dieser als ein Charlatan verschrieene Mann es mit seiner Aufgabe als Arzt genommen hat. In einem zweiten Teile derselben wendet er sich gegen die Apotheker, er verlangt, dass dieselben auf ihre pharmaceutisch-technischen Kenntnisse hin geprüft werden sollten, dass nur den Geprüften die Anfertigung der Arzneien gestattet sein dürfe, und dass es unbedingt verboten werde, Lehrbuben oder Kinder dazu heranzuziehen. Weiter verlangt er eine staatliche Visitation der Apotheken, die Festsetzung einer Arzneitaxe und das Verbot von Verträgen zwischen Apothekern und Ärzten. Zu all diesem sollten die Apotheker durch einen zu leistenden Amtseid verpflichtet werden. Da er ausserdem gegen all die in den Apotheken geführten Extrakte, Latwergen, Dekokte und Syrupe, Galenischen Andenkens den Hauptbeständen der damaligen Apotheken, mit beissendem Spott vorging, er bezeichnete sie kurz und treffend als „Suppenwust", und er darauf sah, dass nur frische Droguen verabreicht wurden, sagt er doch: „wer kann mit betrogenen Spezerei ausrichten, das allein den Gerechten zusteht, wer kann das vollenden, das er für sich nimmt, soll mit grünen Kräutern geschehen und man giebt ihm verschimmelte," so war es natürlich, dass er sich alle Apotheker, die ihren Geldbeutel gefährdet sahen, zu erbitterten Feinden machte.

Die Forderungen aber, die Hohenheim, der Marktschreier, vor mehr als 360 Jahren so klar und präcis stellte, heut hat das wohl verstandene Interesse der Gesamtheit, gegenüber dem Vorteil des Einzelnen, sie alle erzwungen.

Nicht in gleicher Weise können wir uns auf Hohenheim's eigene Worte noch aus der Basler Zeit berufen, wenn es sich darum handelt, sein Vorgehen gegen die damals völlig allein herrschende Richtung in der Arzneiwissenschaft zu schildern, das gelingt nur aus seinem Thun und unter Heranziehung seiner späteren Schriften.

„Die Lehrthätigkeit der damaligen medizinischen Universitätslehrer bestand allein darin, dass dieselben irgend einen alten klassischen medizinischen Autor vorlasen und denselben schulgemäss kommentierten, etwa in der Art, wie noch heute bei den Juristen die Pandekten vorgetragen werden," so schildert Sudhoff die damaligen medizinischen

Vorlesungen mit vollem Recht, „und so ausschliesslich wurde in jener Zeit darin die Aufgabe der Universitätslehrer gesucht, dass 1528 der damals in höchstem Ansehen stehende Champier geradezu verlangte, dass den Professoren das Anwenden neuer Arzneimittel verboten sein sollte."

Noch ein anderes Beispiel für die herrschende, unbegrenzte Verehrung der Alten sei hier beizubringen gestattet, das verdeutlichen möge, in welches Wespennest Paracelsus stach, als er gegen den Satz: „in der Antike liegt der wahre Wert" sich auflehnte.

Als 35 Jahre nach Hohenheim's Tode Herzog Julius von Braunschweig-Lüneburg 1576 die Academia Julia Carolina zu Helmstedt stiftete, die erste rein protestantische Universität, hiess es in der Stiftungsurkunde: „dass, wer sich erkühne einen eigenen, neuen Gedanken zu verfolgen, oder wer gar seine Lehren denen der Alten überzustellen sich unterfange und deren Lehren entgegen zu treten sich herausnähme, der sei als ein Verächter des Heiligen und als lächerlich zu erachten; denn solche Anmassung könne allein ihren Grund haben in Unkenntnis der Lehren des Altertums, in Beschränktheit und Stumpfsinn." —

Und das galt als Grundgesetz jener Hochschule, die aus dem Geiste eines Melanchton geboren war, an der ein Giordano Bruno lehrte und die als Stütze protestantischer Wissenschaft gegründet war. —

Dass ein Mann, der wie Paracelsus, nachdem er sich von der absoluten Unzulänglichkeit der alten Medizin überzeugt hatte, da er sah: „dass die Lehre nichts anderes als Tödten, Sterben, Würgen, Erkrümmen, Erlahmen, Verderben macht und zuricht, und dass kein Grund nicht da war", der dann bei Badern und

Alchimisten, bei Zigeunern und Teufelsbeschwörern, bei Gelehrten und Einfältigen zu lernen versucht hatte, der sich selbst berühmte, mehr denn 10 Jahre hindurch nicht ein Buch jener Galenischen Pseudo-Heilkunst aufgeschlagen zu haben, der beobachtend und lernend den Krankheiten nachgezogen war, dass solch' ein Mann bei derartigen Zuständen auf den Hochschulen, bei so wirkenden Fachgenossen auf das heftigste anstossen musste, liegt doch wohl klar. Er stellte das neu heranbrechende naturwissenschaftliche Zeitalter dar, dem er selbst unendlich weit voraus war, seine Gegner dagegen die mittelalterliche Scholastik. Sein Wahlspruch lautete: „alterius non sit qui suus esse potest," seine Gegner steckten in dem tiefsten Autoritätsglauben des Mittelalters. Das Ringen der beiden Zeitepochen bildet den Konflikt seines Lebens, der Kampf derselben spiegelt sich in seinem Lebenskampfe wieder.

Paracelsus hatte bei dem vielen, was er auf seinen Reisen gesehen hatte, und bei dem grossen Beobachtungstalent, das ihn auszeichnete,*) sich eine Fülle von selbst-

---

*) Wie ihn sein Beobachtungstalent niemals verliess und er noch in den Zeiten höchster Aufregung und Not darin Ausgezeichnetes leistete, erhellt aus seiner Beschreibung des Ensisheimer Meteorsteines. Dieselbe darf als eine geradezu klassische bezeichnet werden und zwingt uns eine um so grössere Bewunderung seines eminenten Beobachtungstalentes ab, als Hohenheim allem Anscheine nach den Stein noch am Tage seiner Flucht von Basel oder am Tage darauf, also in einer Zeit höchster Erregung gesehen hat.

Sehen wir von der Strasse durchs Leimenthal in die Grafschaft Pfirt ab, so führten, wie heute noch, so schon damals von Basel zwei Wege in das Elsass. Es ist das z. B. aus den Plänen in Sebastian Münster's Kosmographie deutlich ersichtlich. Die eine Strasse aus dem St. Johannsthor zieht nahe dem Rheine über Breisach nach Strassburg; die andere aus dem Spalenthor hält sich näher dem Gebirg und führt über Habsheim, Ensisheim nach Kolmar. Der nächste Stadtausgang von Hohenheim's Wohnung, die sich im Hause Nr. 1

erworbenen Kenntnissen gesammelt und dieselbe durch eine Reihe erfolgreicher Kuren auf das glücklichste erprobt. Die Basler Lehrstellung gab ihm Gelegenheit, im weitesten Masse für die Verbreitung seiner Anschauung zu sorgen, seine Stellung als Stadtarzt, ihre Berechtigung durch den Erfolg zu bethätigen. Während all seiner Wanderzeit hatte er nur in sich aufgenommen, entweder überhaupt nichts geschrieben, oder wenigstens nichts medizinisch Bedeutsames; nun gaben ihm seine Vorlesungen die erwünschte Gelegenheit, das Gelernte zu sichten und zur Reproduktion zu verarbeiten; deshalb tritt er denn auch, sowie seine Lehrstellung durch den Entscheid des Rates gesichert war, mit einem umfangreichen Programm auf. Man merkt es, wie alles in ihm drängt, um das Gelernte auch andern zu Gute kommen zu lassen, sein neues System im einzelnen auszubauen und dessen Richtigkeit an Sonderfällen zu beweisen. So umfasst denn sein erstes Vorlesungsprogramm sicher neun, möglicherweise sogar zwölf verschiedene Num-

---

der heutigen Leonhardstrasse befunden haben soll, war das Spalenthor; da er nach Kolmar floh, kann über den Weg, den er gewählt hat, kein Zweifel sein: dieser führte ihn nach Ensisheim. Dass ihm der Steinfall von 1492 bekannt war, daran ist nicht zu zweifeln; von dem wusste zu jener Zeit jedes Kind in Basel wie im Sundgau. Mülhausen wird Hohenheim wegen der engen Beziehungen, die gerade damals zu Basel und der Eidgenossenschaft bestanden, wohl vermieden haben. Auch Rufach, wo er später gewesen ist, lag ihm vom Wege ab. Ensisheim ist von Basel 9 alte Wegstunden entfernt, d. h. in einem Tage, auch wenn nicht ganz früh aufgebrochen wurde, bequem zu erreichen. Kolmar von Ensisheim etwa 6 weitere Stunden. Ziehen wir in Betracht, dass Hohenheim, was wahrscheinlich, am Tage seiner Flucht erst gewarnt wurde, und dass er Kolmar nicht wohl mehr erreichen konnte, es war Februar, so können wir mit einiger Sicherheit schliessen, dass er die erste Nacht seiner Flucht in Ensisheim zubrachte und dort wohl am anderen Tage früh vor seinem weiteren Aufbruch nach Kolmar den Wunderstein betrachtete.

mern. Dass er dasselbe thatsächlich in der kurzen Zeit seines Verweilens in Basel auch durchgearbeitet hat, also ein sehr arbeitsvolles Leben geführt haben muss, geht daraus hervor, dass uns seine Vorlesungen zum Teil noch in der ursprünglichen Form, wie er sie als Leitfaden niederschrieb, erhalten sind. Da sie uns zudem auch oft noch in mehreren Nachschriften von Hörern aufbewahrt sind, erhellt, dass er sie auch wirklich gehalten hat. Alle diese Schriften sind ganz im Sinne einer bewussten und gewollten, scharfkantigen Ablehnung gegen die Galenische, die herrschende Medizin geschrieben.

Nicht minder wie durch dieses über den Haufen Werfen ihrer ganzen selbstzufriedenen Wissenschaft wurden seine medizinischen und anderen Kollegen dadurch aufgebracht, dass er seine Vorlesungen in deutscher Sprache hielt. Für ihn, der von den Kärrnern gelernt hatte, war das natürlich; er wollte durch seine Vorträge auf die weitesten Schichten wirken und verbannte deshalb das Latein, die Sprache der gespreizten Unwissenheit, aus seinem Hörsaal; möglich auch, dass er aus dem Sinne Karl's V dachte: „mit seinen Feinden spricht man deutsch."

Ebenso wie er mit solchem Vorgehen gegen die geistige Uniform seiner Fachgenossen zu Felde zog, so that er das auch gegen die äussere Uniform, gegen ihre scharlachrote Tracht, die er beständig zur Zielscheibe seines Spottes machte. Er nennt deshalb die Galenisten: „gemalte Ärzte, die ihre Thorheit mit roten Hüten bedecken, die also geziert wie ein Heiligenbild, das es ein Greul ist vor Gott", oder „und so sie nicht gemalet gingen pro forma wer wollte sie für Ärzte erkennen?" und „die hohen Schulen geben allein den roten Rock, Barett und weiter einen viereckten Narren", das klingt doch wahrlich nicht nach einem Charlatan, vielmehr ist das die Auffassung eines Mannes, der auf das Sein, nicht aber auf den Schein Wert legt.

In einem Buche aus dem Jahre 1655 „Der deutschen Nation klug ausgesprochene Weisheit" von Zinkgrefen, wird eine recht bezeichnende Anekdote von Hohenheim mitgeteilt: „Als er einmal zu dem erkrankten Kaiser gerufen worden sei, habe die Dienerschaft des Palastes den schlicht Gekleideten so nicht zum Kaiser vorlassen wollen, sondern ihm vorher, wie sich das ihrer Meinung nach gebührte, das rote Gewand der Ärzte angethan. Als nun Paracelsus an das Bett des Erkrankten geführt worden sei, habe er kein Wort gesprochen und endlich, als der kranke Kaiser sich dann verwundert über sein Schweigen beklagt habe, geantwortet, er habe gemeint, nicht der Arzt, sondern der Rock solle hier helfen." —

Wenn diese Erzählung auch wohl nur Fabel ist, so ist sie doch völlig aus dem Geiste des grossen Arztes gedacht.

Sein energisches Auftreten gegen die prahlerische Amtstracht seiner Kollegen hat ihm aber wenig Gutes eingetragen. 1527 schreibt der Theolog Heinrich Bullinger, der ihn in Zürich, natürlich ungefärbt, sah: „er habe ausgesehen wie ein Fuhrmann," und 300 Jahre später Heinrich Heine, um einige seiner Witze anbringen zu können: „Paracelsus war ein grosser Charlatan und trug immer einen Scharlachrock, eine Scharlachhose u. s. w."

Die Bezeichnung Bullinger's „wie ein Fuhrmann" war übrigens wohl nicht ganz unpassend, denn es ist auffallend, wie viel Ausrüstungsstücke eines Reiters Hohenheim laut Inventarium hinterlassen hat. Da nun damals die Fuhrleute auf dem Sattelgaul, daher der Name, sitzend ihre grossen Karren führten, so mag der

Vergleich schon zutreffend gewesen sein. Das Ablehnen der roten, schreienden Kleidung der Ärzte hat aber bei Hohenheim sicher noch einen anderen Grund gehabt, als nur den der Freude an der Opposition. Wer bei dem Volke Vertrauen erwecken, es zutraulich und mitteilsam stimmen will, muss sich ihm ähnlich kleiden. Wäre Paracelsus in prächtigen Gewändern einherstolziert, würde er sicher nicht in gleichem Masse in das Getriebe der Volksärzte eingedrungen sein, wie ihm das gelungen ist und er es sich zur Aufgabe gestellt hatte.

Es ist natürlich, dass die Basler Kollegen ganz besonders gegen den Neuerer aufsässig waren. Da sie ihm aber nach dem Entscheid des Rates mit sogenannten Rechtsgründen nicht mehr beikommen konnten, sich seine Vorlesungen eines grossen Zulaufes auch aus den Bürgergeschlechtern zu erfreuen hatten und er mit immer neuen Erfolgen die Berechtigung seiner Anschauungen und Heilmethoden belegte, so suchte man durch fortgesetzte anonyme Angriffe und Pamphlete den Mann so lange zu stacheln und zu reizen, bis er sich zu einer Unbesonnenheit hinreissen liess, an der man ihm dann den Hals brechen konnte.

Von all den damals als „famos libelle" bezeichneten Joggellunerprodukten ist nur der Titel eines „Sanctum laudanum" mit Bezug auf eines der Hauptheilmittel Theophrast's auf uns gekommen und zudem ein Schmähgedicht, das eines Sonntags früh an den Türen des Münsters, der Martins- und Peterskirche, wie an der der Neuen Burse in der minderen Stadt sich angeschlagen fand, und welches die für das ganze Elaborat bezeichnende Überschrift trug: „Die Manen Galen's an Theophrastus, richtiger Kakophrastus." Dieses Produkt der Muse und Musse seiner Gegner ist uns mit Theophrast's Beschwerdeschrift an den Rat von Basel erhalten blieben und wird im hiesigen Staatsarchiv aufbewahrt; auch die Auffindung dieses wichtigen Dokumentes verdanken wir der unermüdlichen Forscherarbeit Dr. Karl Sudhoff's.

Auf die auserwählten Gemeinheiten, die da gesagt werden, haben wir nicht einzugehen, es genügt Hohenheim's eigenes Urteil über solche ihm zugefügten Angriffe anzuführen, um sich über den Geist auch dieses Schriftstückes klar zu werden. In berechtigter Empörung sagt er in der Sprache seines Jahrhunderts über solche Invectiven: „es möchte eine Turteltaube zornig werden bei solch' lausigen Zoten", und er war wahrlich, wie Sudhoff richtig bemerkt, „keine Turteltaube, sondern ein heissblütiger Mann."

Das Poem ist leider, wie auch die Eingabe an den Rat, ohne Datum. Die Verfasser desselben sucht Paracelsus und zweifellos mit Recht, wie das aus dem ganzen Gedicht hervorgeht, unter seinen Zuhörern, zu denen ja auch solche, die von den zünftigen Gelehrten gegen ihn verhetzt waren, sich befanden.

Sehr bemerkenswert ist, dass trotz den überheftigen Schmähungen, die ihn und sein System auf das gemeinste herunterreissen und ihn auch des litterarischen Diebstahles zeihen, er weder als Trunkenbold, der ihm später mit besonderer Vorliebe gemachte Vorwurf, gekennzeichnet, noch mangelnde Kenntnis des Lateinischen oder Griechischen ihm vorgehalten wird, und beides hätten sich die Pasquillanten, wenn auch nur ein Schein von Berechtigung da gewesen wäre, sicher nicht entgehen lassen.

Ebenso wenig geschieht der Verbrennung der Werke Avicenna's und Galen's, mit der nach französischen Quellen

Paracelsus, ein echter Renommist, seine Vorlesungen in Basel begonnen haben soll, Erwähnung, es ist demnach auch diese Darstellung ohne weiteres ins Reich der Fabel zu verweisen. Die von Paracelsus selbst zugegebene Verbrennung der „Summa der Bücher", das wäre des „Kanon" des Avicenna, des „Küchenautoris", dürfte vielmehr durch das „ex inferis" datirte Schandpoem direkt veranlasst worden sein. Hohenheim selbst sagt, er habe diesen Kanon „in St. Johannis Feuer geworfen, auf dass alles Unglück mit dem Rauch in die Luft ging." Einen späteren Johannistag, als den 24. Juni 1527, hat Paracelsus aber in Basel nicht mehr erlebt, es ist also eine wohlberechtigte Kombination anzunehmen, dass er, veranlasst durch die kurz vorher erlittene schwere Unbill, als ihn beim Verlassen des unteren Kollegiums, um sich nach seiner im Hause Nr. 1 an der heutigen Leonhardstrasse belegenen Wohnung zu begeben, sein Weg über den Marktplatz führte, er an einem dort brennenden Johannisfeuer das Auto da fé improvisierte. Die ganze zu einem echten Theaterkoup aufgebauschte Geschichte erscheint, so aufgefasst, als eine harmlose Reflexbewegung.

Wie aus Hohenheim's Klagschreiben an den Rat, das er einer Abschrift des Gedichtes beilegte, ersichtlich, ist dasselbe eines Sonntags: „früg vor tag" angeschlagen worden. Zu lesen hatte er am 5. Juni begonnen, am 9. Juni war Pfingsten, der Termin bis dahin ist einmal etwas kurz, und dann würde kein Mann des Mittelalters den Pfingstsonntag kurz als „sontag nechstverschinen", als „letztvergangenen Sonntag" bezeichnet haben, dazu spielten die Kirchenfeste in den Datirungen des Mittelalters eine viel zu wichtige Rolle. Es bleiben demnach nur die Sonntage vom 16. und 23. Juni, als vor Johannistag fällig, übrig. Dass Hohenheim am ersten Tage nach dem pöbelhaften Angriff schon so milde gestimmt gewesen sein sollte, dass er nur den „Kanon" ins Feuer warf, „damit alles Unglück mit dem Rauch in die Luft ging", will mir nicht recht glaublich scheinen; ich glaube, am ersten Tag nach der Beleidigung hätte dem Zornigen eine ganze Bücherei zu verbrennen nicht genügt, es dürfte also nicht falsch geschlossen sein, wenn wir Sonntag den 16. Juni 1527 als Tag des Attentates ansehen.

Wie nach Kenntnisnahme der thatsächlichen leitenden Vorgänge uns hier Theophrast's Benehmen wenig prahlerisch, ja direkt verständlich und entschuldbar erscheint, so ist durch die erst vor fünf Jahren erfolgte Auffindung dieses „aus der Hölle" datirten Pasquils, worauf wieder Karl Sudhoff ausdrücklich hinweist, auf eine Reihe von Stellen in Hohenheim's Schriften erst helles Licht geworfen, die vordem völlig unverständlich waren. So hat zum Beispiel Michéa in der „Gazette médicale de Paris" gerade eine solche Auslassung, die über den Brief Galen's aus der Hölle spottet und die ihm, Michéa, mangels Kenntnis des Gedichtes völlig unverständlich war, als „manifestation positive de la folie de Paracelse" bezeichnet. Sicher würde uns bei dem immer von neuem angegriffenen Mann noch manches andere milder erscheinen und der geführte Tenor uns zugleich verständlicher sein, wenn all das, was gegen ihn gelästert und gehetzt wurde, uns bekannt wäre.

Darum soll nicht geleugnet werden, dass seine Schriften oft genug von hanebüchener Grobheit triefen und eine gewisse Formlosigkeit der Darstellung das Verständnis wesentlich erschwert, wozu seine von ihm erst zu schaffende, im ganzen übrigens hervorragend schöne, deutsche Ausdrucksweise sicher auch ihr Teil beiträgt.*) Bei den vielen grossen Gedanken und gewaltigen neuen Ideen aber, die er vorträgt, kommt das wenig in Betracht und man möchte sich wohl, wie das Scherer thut, mit einem Worte des Sokrates trösten, der von einem Werk Heraklit's des Dunkelen gesagt haben soll: „wo ich's verstanden habe, ist es sehr vortrefflich; ich vermute, es wird so sein, wo ich's nicht verstanden habe."

Paracelsus, der seine hitzige Gemütsart wohl kannte, bat in seiner an den Rat gerichteten Eingabe über das Schandpoem, derselbe möge ihn mit seiner Strafgewalt vor solcher Unbill fürder schützen, denn wenn dergleichen sich noch einmal ereigne, stehe er seinerseits für nichts mehr; aber nicht ihm falle dann die Verantwortung zur Last, die Folgen möge sich der Rat selbst zuschreiben.

Und Theophrast hatte sich richtig erkannt; ein ihm gegen Ende desselben oder ganz im Beginn des nächsten Jahres zugefügtes Unrecht machte das Mass überlaufen; er ging seinerseits mit Pamphleten gegen den Rat vor: „er liess böse Zeddelin fliegen," heisst es, und da seine Freunde für ihn fürchteten, rieten sie ihm zu fliehen; Paracelsus folgte ihrem Rat und entwischte ins nahe Elsass. Der Grund war folgender:

Der reiche Cornelius von Lichtenfels, Kanonikus zu St. Clara in der minderen Stadt, litt schwer am Magen; da ihm keiner der anderen Ärzte Linderung schaffen konnte, wandte er sich an den Stadtarzt und versprach ihm 100 fl., wenn er ihn heile; Hohenheim gab ihm drei Pillen seines

---

*) Wir wissen nicht, ob Hohenheim schon germanistisch bearbeitet ist, möchten aber, wenn dies nicht der Fall, unsere Gœthephilologen auf diesen wunderbaren Mann, der ganz in seinem eigenen Zauberkreise wandelte, recht dringlich aufmerksam machen.

Laudanum, der Domherr ward geheilt und wieder imstande zu fasten! —

Nun, da der Erfolg erzielt war, erschien dem geistlichen Herrn der Preis ein zu hoher und anstatt der versprochenen 100 sandte er nur 6 fl. als Gegenleistung. Paracelsus klagte auf Einhaltung des Vertrages; das Gericht aber nach dem Grundsatz: „Clericus clericum non decimat" wies den Kläger ab. Dieses zweifellos ungerechte Urteil brachte den vorher schon bis aufs Blut gereizten Mann so in Harnisch, dass er jede Mässigung vergass und zur Befriedigung seiner sich nun in die Chlamys sittlicher Entrüstung hüllenden Gegner selbst ins Unrecht setzte.

Die Folge war, dass der Magistrat, „**von Hass, Zorn und Missgunst getrieben, wider ihn beschloss, man solle ihn festnehmen und nach Herzenslust mit ihm verfahren.**" Das drängte ihn zur Flucht. Dadurch wieder verlor er seine akademische Lehrstelle und musste fürder ein elender, heimatloser Mann mit wenigen kurzen Unterbrechungen sein Leben auf der Landstrasse zubringen, denn die Galenischen Zunftkarpfen wehrten sich allerorts tapfer, diesen Hecht in ihre versumpften Teiche einzulassen.

Wiederum ist es das Verdienst des unermüdlichen Paracelsusforschers Karl Sudhoff gewesen, hier auf unserer Bibliothek einige Aktenstücke aufgefunden zu haben, die, wenigstens indirekt, einiges Licht auf die den Schlussstein von Hohenheim's Basler Wirksamkeit bildenden Vorgänge werfen. Es sind das zwei an Bonifacius Amerbach, den bekannten Humanisten und Professor der Jurisprudenz an unserer Hochschule, gerichtete eigenhändige Briefe Hohenheim's. Dieselben sind auf der ersten Rast nach seiner

Flucht in Kolmar am 28. Februar und 4. März 1528 geschrieben, als Antworten auf zwei uns leider nicht mehr erhaltene Briefe von Bonifacius Amerbach. Da sie lateinisch, mit den damals gebräuchlichen Abkürzungen von Hohenheim's eigener Hand und, wenigstens der erste, in grosser Eile geschrieben sind, legen sie zudem ein unanfechtbares Zeugnis davon ab, dass der Schreiber der lateinischen Sprache vollauf mächtig war.

Aus den Briefen geht nach unserer Meinung hervor: dass Bonifacius Amerbach sich zur Zeit der Flucht Theophrast's aus Basel bei seinem, Amerbach's, Schwiegervater Bürgermeister Fuchs in Neuenburg am Rhein aufhielt und durch seinen Bruder Basilius, der, obgleich er bereits 40 Jahre alt und in Paris und Freiburg schon theologischen, juristischen und philosophischen Studien obgelegen hatte, doch in Basel zu Theophrast's intimeren Schülern zählte, von den Vorgängen in Basel Nachricht erhalten hatte. Seine Darstellungsweise muss eine für Hohenheim durchaus günstige gewesen sein, denn Bonifacius lädt den Verfolgten zu seinem Schwiegervater nach Neuenburg ein. Paracelsus antwortet darauf: „Dein Brief ist für mich Ambra" und über den Berichterstatter Basilius fügt er offenbar in Dankbarkeit über den günstigen Bericht hinzu: „Meinem Basilius trinke einen Becher Weins zu in meinem Namen", und setzt dann fort: „und verteidige den Theophrastus, wenn die Widersacher vor Dir erscheinen, wie Du kannst."

Dass des Bonifacius Brief in den ersten Tagen nach der Flucht geschrieben sein muss, erhellt aus dem Eingang von Hohenheim's Antwort: „Welche Massregeln das feindliche, früher mein Basel gegen mich ergriffen hat, ist mir noch völlig unbekannt."

Der erste, unmittelbar nach dem Geschehen erstattete Bericht war also ein für den Flüchtigen durchaus günstiger, aber da der Abwesende stets Unrecht behält, so gelang es der Maulwurfsarbeit seiner Feinde, auch die **Amerbach's**, und **Bonifacius** war an sich kein Held, wenn nicht auf ihre Seite, so doch von ihm abzuziehen, das ist aus dem weitaus kühleren Ton, in dem die zweite Antwort gehalten ist, abzuleiten, leider giebt auch diese keine Darstellung der Vorgänge selbst, **Hohenheim** lässt sich daran genügen, sein Vorgehen als Reflex seines Empfindens darzustellen:

„Was ich Dir neulich nur ganz kurz geschrieben," wir geben den Brief nach der Übersetzung Karl Sudhoff's, „theuerster **Bonifacius**, das empfange jetzt ausführlicher. Alles, was mir Basel, samt denen, die es bewohnen, sowohl Gläubigern als andern versprochen hat, bleibt mir teils noch genauer zu erforschen, teils aber ist es mir rundweg abgeleugnet worden, und zwar mit so niederträchtigen Schmähungen und solcher Missachtung, dass es nur eine Zeit lang zu ertragen, oder dem nicht entgegen zu treten durchaus nicht geziemen würde. Denn es mag ja sein, ich habe vielleicht einiges zu frei gegen den Magistrat und andere ausgesprochen; was ist's denn weiter?! so bald ich eben dies, was ich auch immer gesagt habe, als auf Thatsachen beruhend beweisen kann; nur dass ich dann zuletzt als höchste Wahrheit erkennen muss: Wahrheit trägt Hass ein." —

Der intime, echt freundschaftliche Ton, der aus diesen Briefen hervorleuchtet, zeigt uns doch, dass Paracelsus in Basel nicht ein so wüster Trunkenbold gewesen sein kann, als welcher er später geschildert wurde, ein solcher wäre der intimen Freundschaft eines Bonifacius und Basilius Amerbach sicher nicht gewürdigt worden.

Von der Voraussetzung ausgehend, dass wenn der Bericht des Basilius an seinen Bruder über die Vorgänge, die zur Flucht Hohenheim's führten, schriftlich erstattet sein sollte, derselbe noch in der unschätzbaren Briefsammlung der Amerbache, die unsere Universitäts-Bibliothek birgt, erhalten sein würde, habe ich die entsprechenden Bände durchgesehen, leider aber nichts darauf Bezügliches entdecken können. Dagegen habe ich einen Brief des Basilius an Bonifacius aus dem Jahre 1527 gefunden, in dem Theophrast's Name genannt wird, der uns über das enge, freundschaftliche Verhältnis Hohenheim's zu den Brüdern weiteren Aufschluss zu geben geeignet scheint.

Der Brief ist datirt „Freitag vor Invocavit" (das wäre für 1527 der 8. März). Über das nicht ausdrücklich genannte Jahr der Abfassung kann nach dem zweiten Teile des Schreibens ein Zweifel nicht obwalten, da derselbe ausschliesslich sich um Angelegenheiten der Hochzeit des Bonifacius und die Einrichtung der Basler Wohnung des jungen Paares dreht. Die Hochzeit war in Neuenburg am Rhein, wohin auch der Brief gerichtet ist, gefeiert worden. Nach der eigenhändigen Einzeichnung in seinen Kalender heiratete Bonifacius am 25. Februar 1527, der Brief ist also 11 Tage darauf geschrieben worden. In seinem uns interessirenden ersten Teile lautet derselbe: „Gruss zuvor. Ich war sehr begierig von Neuenburgischen Schiffsleuten zu erfahren, wie Du Dich befändest und wie Du Dir die Zeit vertreibst. Obschon ich mich darnach sehr genau erkundigte, konnte ich doch nichts Sicheres in

Was sonst die beiden, nicht eben gleich gearteten Männer zu einander gezogen haben mag, scheint uns auch unschwer verständlich. Der schwanke, dabei subtile Humanist mochte an der hanebüchenen Art des Arztes, der mit grobem Witz da einschlug, wo jener nur zach wetterleuchtete, gar oft seine Freude haben und gewiss mochte es ihm wohlthun, wenn Hohenheim seinen perlenden Diskant in wuchtigen Basstönen accompagnirte; war er doch selbst auch kräftigen Ausdrücken nicht immer unfreund, so z. B. wenn er einmal von einem Conzil „von Eseln und Schweinen mit der Infula" schreibt. Ganz besonders aber dürfte für die beiden Männer die Gleichförmigkeit ihrer Ansichten über die Reformation ein Bindeband gewesen sein, denn so scharf Hohenheim auch das Papsttum im Einzelnen bekämpfte, so wenig schloss auch er sich unbedingt der Reformation an.

Oporinus teilt mit, Hohenheim habe es direkt ausgesprochen, er werde noch den Luther und den Papst ebenso zur Ordnung bringen müssen, wie er das jetzt mit Galen und Hippokrates thue. Diese Mitteilung ist durchaus glaubhaft, denn die darin kundgegebenen Anschauungen decken sich vollkommen mit mancherlei Stellen aus Hohenheim's Schriften, besonders auch mit den in dem allerdings zweifelhaften: „Liber sermonum in Antichristos etc." vorgetragenen. Auch ist bekannt und durch seine Hinterlassenschaft erwiesen, dass sich der Arzt gerade in der letzten Zeit seines Lebens vielfach mit theologischen Fragen befasste. Theologische Schriften, die er hinterlassen haben soll, sind uns leider, wie sehr leider, alle verloren gegangen.

Solche, wie die hier wiedergegebenen Ansichten fallen vollkommen mit denen des Bonifacius Amerbach zusammen, beide glaubten, was in Zeiten so harten Kampfes nicht gerade rühmlich, sich über die Parteien stellen zu sollen, ein Dritter in ihrem Bunde war Erasmus! — Wenn **Bonifacius Amerbach**, auch hier wie so oft schwankend, um 1528 so bitter über die Priesterehe spottet und in ihr ein Hauptreizmittel, die Frauen für die neue Lehre zu gewinnen, erblickt, wenn er schreibt „Die Hochzeit, welche jüngst **Oekolampad** gehalten hat, hätte selbst dem **Heraklit**, der nie lachte, ein Lachen abgepresst", so ist das wenigstens vollkommen aus den Anschauungen **Hohenheim's**, des Weiberhassers, gedacht. Für **Theophrast's** Stellung zur kirchlichen Bewegung ist gewiss, wie wir schon früher andeuteten, der Einfluss seines Lehrers **Trithemius**, des begeisterten Anhängers der Bursfelder Reformation, von massgebendem Einfluss gewesen; auch dieser scheute sich nicht, direkt gegen den Papst zu zeugen, so gut katholisch er sonst auch war, was sich recht deutlich aus seinen folgenden Worten ergiebt: „Halte mir nicht die päpstliche Dispensation entgegen, welche, wenn sie nicht Gott approbirt, Dich nicht entschuldigen wird; denn nicht alles gefällt Gott, was durch den Papst auf Erden geschieht." Für die Reformation Luther's würde sich aber der Verteidiger der heiligen Anna sicher nie begeistert haben. Doch kehren wir zu den Paracelsusbriefen zurück.

Der Schluss des zweiten Briefes an **Bonifacius Amerbach** lautet: „Übrigens soll Oporinus Dir Deine Bücher überbringen mit grösstem Danke."

Dieser Oporinus war der Amanuensis **Hohenheim's** in Basel gewesen, auf **Oecolampad's** Empfehlung zu ihm gekommen und folgte ihm, obwohl verheiratet, auch auf der Flucht nach, indem er zwei Jahre noch mit ihm herumzog.

Oporinus, ein durchaus beschränkter Mensch, er war Temperenzler, hat vier Mal geheiratet, wurde Professor der griechischen Sprache und endlich Buchdrucker, und als solcher ein erster seines Faches, in Basel, hat offenbar Weise und Art seines Meisters niemals recht begriffen und ist von demselben denn auch weidlich und zuweilen in recht derber Weise gehänselt worden. Sei es nun, um sich zu rächen oder um sich die Wege zu der Basler Professur zu ebnen, denn so viel praktischen Verstand wird er ja wohl besessen haben, um einzusehen, dass ihm im damaligen Basel jede Verleumdung Hohenheim's als Verdienst angerechnet wurde, hat Oporinus nachmals in einem Brief an Erastus jenes Bild seines Meisters entworfen, das all den grimmen Beschimpfungen zur Grundlage gedient hat, später nach Theophrast's Tode, als er die Basler Professur schon wieder aufgegeben hatte, hat er seine Verleumdungen allerdings bitter bereut, aber auch hier hat sich das „semper aliquid hæret" glänzend bestätigt; nur dass es viel „aliquid" war, was hängen blieb!

„So sehr," schreibt der biedere Oporinus, „war er während der zwei Jahre, die ich mit ihm zusammengelebt, ganze Tage und Nächte dem Trunk und Rausch hingegeben, dass man kaum die eine oder die andere Stunde ihn nüchtern finden konnte, die ganze Zeit hat er sich Nachts nie ausgezogen, was ich der Betrunkenheit zuschreibe. Oft erhob er sich Nachts und wütete mit dem Degen so durch's Zimmer, dass ich mehr als einmal für meinen Kopf fürchtete." So Oporinus.

Und diesen liebenswürdigen Gast hätte sich, wie aus den gemeldeten Briefen ersichtlich, Bonifacius Amerbach in das Haus des Schwiegervaters geladen, als er ein geächteter Flüchtling war. Und derselbe Mann, der ständig trunkene, muss diese Einladung ablehnen: „aus Überhäufung an Kranken" und wird zu gleicher Zeit von dem

Arzte Laurentius Fries, seinem heftigen, wissenschaftlichen Gegner, der den von Paracelsus verbrannten Avicenna ganz besonders hochstellte, in Kolmar aufs beste im Kreise seiner Familie aufgenommen; und all das wüste liederliche Treiben hatten sich die Basler Pamphletisten, die ihn des litterarischen Diebstahls ziehen, entgehen lassen!

Aber Oporinus trägt seine Lügen noch faustdicker auf, er erzählt weiter: „Item von Geld war er oftmals so entblösst, dass ich wusste, er besass keinen Pfennig mehr, am Morgen aber zeigte er mir den Beutel wieder voll gespikt, so dass ich mich oft wunderte, woher ihm das Geld käme."

Also nachts, wenn alles schlief, hat der Trunkene sich noch schnell wieder Gold gemacht! —

Wir sind himmelweit davon entfernt, leugnen zu wollen, dass auch Theophrast mit lustigen Kameraden dem Becherlupf gern obgelegen habe, erzählt er doch offen von den „lachenden Reisezufällen", wie er das hübsch benennt, und „den Gelagen mit guten Gesellen am Rhein und an der Donau", nennt er auch in einem Schreiben von 1527 die Züricher Studenten: „conbibones optimi", trotzdem dieser Brief, in dem er sich über den Tod Froben's auslässt, sonst von hohem Ernste getragen ist.

Warum sollte auch der sprudelnde, geistvolle Mann, der mit staunenswerter Energie arbeitete, dergleichen, wenn es sich ihm bot, aus dem Wege gegangen sein; war doch damals die moderne Schuttabladestelle der Jünger Äsculap's, der Alkohol mit seiner Sumation zahlreicher, ganz geringer toxischer Einzelwirkungen, die bei der leichten Verbrennbarkeit des Alkohols einer Art „Gedächtnis der Nervenfasern und ganglien Zellen" in besonders sinniger Weise zugeschrieben wird, als solche noch nicht erfunden worden.

Hohenheim selbst sagt in starkem und gerechtem Bewusstsein der Unschädlichkeit solcher zeitweiliger Extravaganzen: „Ob ich schon das Geld mit guten Gesellen vertummele, so ist doch meinem Hauptgut nichts abgegangen, denn die Kunst, mein Hauptgut, die verlässt mich mit Gottes Hülfe nimmer." — Diese ist es denn auch gewesen, die zu des simplen Oporinus heller Verwunderung ihm den Geldbeutel immer wieder füllte; aber dem beständig trunkenen Arzt wären auch zu jener Zeit die Patienten bald genug ausgeblieben; und mit vollem Recht wendet sich Hohenheim selbst gegen solchen Unfug, wenn er sagt: „ein voller Zapf gehört nicht ans Krankenbett."

Von der Art seines Diktierens, bei seiner aussergewöhnlich schlechten Handschrift sah er sich meist dazu gezwungen, schreibt der getreue Schüler weiter: „Dabei hat er gewütet wie von den Bremsen gestochen, und geschrien, wie von den Furien getrieben. Übrigens ist er nie als wohl angetrunken an die Entwicklung seiner Mysterien gegangen; dann aber hat er den Griff seines Degens, in dessen Höhlung ein dienstbarer Geist eingeschlossen sei, mit den Händen ergriffen und seine Einbildungen ausgespien."

Diese Schilderung, die uns Oporinus da entwirft, ist zum Teil gewiss eine richtige. Dass man beim Diktieren gern laut wird, muss ich leider aus eigener Erfahrung mit einiger Beschämung zugeben. Die Stellung, auf den Schwertknauf gestützt, ist, wie aus den uns überkommenen authentischen Bildern Hohenheim's ersichtlich, in der That seine Lieblingsstellung gewesen.

Manches Mal mag wohl der kleine, feurige Mann, wenn er den Abend über mit Bauern und Landfahrern in irgend einer Strassenschenke, in die er um zu nächtigen hatte einkehren müssen, getrunken hatte, seinen Schülern, vielleicht erst durch die Gespräche mit den gemeinen Leuten veranlasst, in dieser Stellung diktiert haben.

Dass er dann, ergrimmt über ein herbes Schicksal, das ihn, den gelehrten Arzt, den Abkömmling eines hochadeligen Geschlechtes, als einen Bettler unter die Geächteten der Landstrasse geworfen hatte, mit weinwarmem Kopf heftige, leidenschaftliche Worte mit drohender Stimme seinem blödstaunenden Schüler zurief, wollen wir gern glauben und lieber noch ihm nachsehen. Das mögen dann solche Stellen gewesen sein wie die folgende: „Mir nach Ihr, mir nach Avicenna, Galen, Rhasis, Montagnana, Mesue, mir nach und ich nicht Euch nach, Ihr von Paris, Ihr von Montpellier, Ihr von Schwaben, Ihr von Meissen, Ihr von Köln, Ihr von Wien und was an der Donau und am Rheine liegt, Ihr Inseln im Meer, Du Italia, Du Dalmatia, Du Athenis, Du Griech, Du Arabs, Du Israelita, mir nach und ich nicht Euch nach, Euer wird Keiner im hintersten Winkel bleiben, an den nicht die Hunde riechen werden. Ich werde Monarcha und mein wird die Monarchey sein."

Gewiss müssen wir uns solche Stellen als im höchsten Affekt hervorgesprudelt diktiert denken, und nicht etwa durch die gefällige Frage an den Nachschreibenden unterbrochen: „Haben Sie Arabs?"

Wie anders aber klingen dann andere Stellen, wo das Bild des zornmutigen, trunkenen Mannes gewiss nicht wird aufrecht erhalten werden können, z. B. wenn er die herrlichen Worte spricht:

„Der höchste Grund der Arznei ist die Liebe, denn in welchem Mass die Liebe ist, dermassen wird auch das Wetter über uns gehen, d. i. ist unsere Liebe gross, so werden wir grosse Frucht in der Arzenei dadurch schaffen; wird sie presshaftig sein, so werden unsere Früchte mangelhaft gefunden. Denn die Liebe ist, die die Kunst lehrt und ausser derselbigen wird kein Arzt geboren."

Das sind doch gewiss Worte des höchsten Ruhmes für den, der sie gesprochen; wie klar hatte der Mann den „Geist der Medizin" erfasst. Der Krankheit muss man nachziehen, um sie kennen zu lernen, denn sie wandert von Ort zu Ort; also die erste Weisheit ist, zu beobachten; dann aber muss der Arzt Liebe zu dem Kranken haben; heute drückt man das feiner aus: — „Interesse für den Fall," denn wird seine „Liebe presshaftig", so werden auch die erzielten Erfolge mangelhaft sein. Weiter spricht er noch von denen, die zu Ärzten berufen sind: „dass Gott den verderbeten Schulmeister und dergleichen zu einem Arzt beschaffen habe, ist nicht."

Aber es soll doch auch noch des Oporinus Zeugnis wider Paracelsus, das ja den eigentlichen Urgrund für alle die Verleumdungen, die den Meister als betrunkenen Schmutzian schildern, abgegeben hat, noch näher beleuchtet werden.

Michael Toxites schreibt am 12. Mai 1574 aus Hagenau an Georg Vetter, Pfarrer zu Beerfelden, einem ehemaligen Schüler Hohenheim's, der sich offenbar über Oporinus Urteil bitter beklagt hatte, leider ist uns Vetter's Brief nicht erhalten blieben, folgendes: „Ich will auf meinen guten Freund Johannem Oporinum kein Unwahrheit sagen, das aber kann ich zu melden nit unterlassen und red es mit Wahrheit, dass er bemerkt, er habe kein Glück zu Theophrasto gehabt, er habe ihm auch gesagt, dass er, Oporinus, kein Medikus bleiben, sondern ein ander Profession an sich nehmen sollte. (Oporinus war so ein „verderbeter Schulmeister".) Item, dass er dazumal nie verstanden, dass Theophrastus so ein gelehrter Mann gewesen, wie er hernach erfahren, und haben ihn zwei Stück übel gereut, erstlich, dass er die Bücher, so er von Theophrasto gehabt, als: seine ganze Präparationes, und ander Ding anderen Leuten verliehen hätt. Zum anderen, dass er die Epistolam von Theophrasto geschrieben!" —

Also Oporin, auf den sich alle die Verleumder berufen, erklärt selbst, er sei, um es milde auszudrücken, zu wenig begabt gewesen, um seines Lehrers Grösse zu fassen; der habe ihm selbst zugeredet, er solle dies Studium aufstecken, und was er sonst geschrieben habe, das reue ihn übel, scilicet — weil es erlogen war.

Aber wir haben noch andere Zeugen dafür, deren Bekanntgabe wir einer Mitteilung des Herrn Stadtbibliothekar Dierauer in St. Gallen an Dr. Karl Sudhoff verdanken.

Auf seinem ruhelosen Hin und Her, das sich an Hohenheim's Aufenthalt in Basel anschloss, und dem wir hier nicht folgen können, kam derselbe auch nach St. Gallen, wo er sich um den Jahreswechsel 1530 und 1531 eine Reihe von Monaten aufgehalten hat. Damals führte dort ein braver Spiessbürger, Namens Rütiner, eine Art Tagebuch, in dem er zusammenhanglos alles mögliche, was ihm berichtet wurde, mit Angabe des Berichterstatters aufzeichnete. Das bisher als ganzes noch nicht veröffentlichte „Diarium", wie er es nannte, wird in der Stadtbibliothek in St. Gallen aufbewahrt. Die auf Paracelsus bezüglichen Stellen hat Dr. Karl Sudhoff abgedruckt. Als Berichterstatter der einen, uns besonders interessierenden Stelle wird ein Meister Simon, Wundarzt und Bader in St. Gallen, genannt. Derselbe teilt mit, dass Hohenheim wissbegierig ganz Europa durchwandert habe und auch sich mehrere Jahre, er nennt deren fünf, unter den Zigeunern, um deren Geheimnisse kennen zu lernen, aufgehalten habe; ihm, so meint Meister Simon, gebühre die Palme in den geheimen Wissenschaften, denn er könne „Quecksilber in der Hitze sublimieren und es wieder fest machen;" dann teilt er weiter mit: „laboriosissimus est," er ist ausserordentlich fleissig, „er schläft selten, ja er entkleidet sich niemals, mit Stiefel und Sporen liegt er nur drei Stunden auf dem Bett und gleich darauf beginnt er wieder zu schreiben."

Wir finden hier gewiss manche Ähnlichkeit mit dem Berichte Oporin's; aber da es für den Meister Simon sich nicht darum handelte, eine Professur in Basel zu erlügen, fehlt gänzlich der Schmuck der Betrunkenheit. Hätte sich aber Paracelsus in der Weise, wie das Oporin von ihm erzählt, als Trinker ausgezeichnet, so würde Rütiner in seinem Diarium sicher davon Notiz genommen haben, wie er denn an anderen Stellen von berühmten Trinkkünstlern, von Trinkwettkämpfen mit tötlichem Ausgang und dergleichen mittelalterlichen Lustbarkeiten mehr gern berichtet.

Auch ein lustiger Streit Hohenheim's mit den St. Galler Badern um die Erfolge seiner Heilmethode, den Rütiner mitteilt, und das nicht gar gute Verhältnis Theophrast's zu Johannes von Watt (Vadian) hätte gewiss Anlass zu den bissigsten Bemerkungen gegeben. Doch nichts dergleichen findet sich, weil der überfleissige Mann nicht den leisesten Grund dazu gab. Auch die drei Stunden Schlaf, die er, wie Meister Simon berichtet, sich nur gönnte, lassen kaum auf erhöhten Alkoholgenuss schliessen.

Die spiessbürgerliche Art des Diariums Rütiner's, der einfach ohne eigene Gedanken einzustreuen die Fakta aufzählt, giebt aber dem ganzen das Gepräge absolutester Wahrhaftigkeit, so dass dasselbe als ein äusserst wichtiger Beitrag zur Zeitgeschichte angesehen werden muss, und deshalb auch als Dokument zur Beurteilung des Lebenslaufes Hohenheim's von massgebender Bedeutung ist. Bestätigt wird, dass Paracelsus sich nicht entkleidete, dieser Angewohnheit scheint er demnach gehuldigt zu haben, ob gerade sehr zu Gunsten seiner körperlichen Reinlichkeit, bleibt allerdings zu bezweifeln, jedenfalls empfahl sich bei solchen Gepflogenheiten auch das Tragen dunkler Kleidung mehr, als das einer scharlachroten Gewandung, schon aus rein putztechnischen Gründen. Es lässt sich für diese Eigenheit auch noch eine andere Stelle und zwar aus seinen Schriften als Beleg anführen, in der er über den Undank seiner Schüler klagt, die ihn, wenn sie ihn verlassen hätten, verlästerten, während sie doch, so lange sie mit ihm zögen, die niedrigsten Dienste verrichteten: „ihm die Federn aus den Kleidern läsen", die offenbar von der Nachtruhe her noch an seinen Gewändern hafteten.

Doch nicht Trunkenheit hinderte ihn, sich zu entkleiden, sondern der Überfleiss war es, der diese Untugend gezeitigt hatte. Er muss in der That überfleissig gewesen sein, denn neben seiner Thätigkeit in der chemischen Küche und den Anforderungen, die an ihn, als Heilkundigen, gestellt wurden, die ihn, den fahrenden Arzt, zwangen, beständig im Sattel zu sitzen; ist er doch z. B. einmal von St. Gallen aus nach dem Hohen Twiel, wahrscheinlich zum Herzog Ullrich von Württemberg, berufen worden, neben all dieser überaus anstrengenden Thätigkeit hat er noch eine Unzahl von Schriften aller Art veröffentlicht, von denen einzelne nicht medizinische, wie gewisse Prognostikationen uns die höchste Bewunderung auch vor dem klaren, politischen Blick des Mannes abnötigen. Wie viel richtiges enthält doch z. B. sein Urteil über die Franzosen:

„Die Franzosen haben die Art der Hähne, wegen ihrer überschwänglichen Hoffarth, die sie in ihrer Influenz über alle Nationen tragen. Sie meinen, ihr Hals, ihre Vernunft und ihr Witz gehe bis in den Himmel und wenn sie ihren Hals strecken, so solle alle Welt fliehen, dann wegen ihrer neidischen und untreuen Art, wie oft ein Hahn alles allein verzehrt, ohne den Hennen was zu gönnen; drittens wegen ihres zänkischen Wesens gegenüber allen andern Hähnen. So lange es Franzosen giebt, werden sie immer Zank und Hader haben mit allen Nachbarn und dieselben, so viel sie können, bekriegen und unterdrücken." —

Dass er nicht immer diktierte, dass er zum Teil selbst schrieb, wissen wir schon aus Meister Simon's Bericht, und dass, wenn er diktierte, das nicht immer in gehobener Stimmung, wie Oporin das beschreibt, geschah, davon legt er selbst vollwichtiges Zeugnis ab in einer Vorrede, die der 1536 zu Augsburg erschienenen „Grossen Wundarzney" vorgedruckt ist, und die ich als Stichprobe von Theophrast's Deutsch wörtlich geben will; da heisst es:

„Leser, vor dem vnnd ich angreiff das Buch, muss ich dich das zedelin zulesen bemühen, Ich hab dise Wundartzney geschriben, in zway Exemplar, inn mein handgeschrifft, das ander inn eines jungen substituten, un hab ichs dem jungen pronunciert, wölcher aber nit des lateins perfect gewesen, darumb etwan incongruitet, oder ander vicia villeicht möchten geschriben sein, das selbig, doch wie trucks ordnung in halt, Hans Varnieren Buchtrucker zu Vlm, durch sein anbittenn vberantwort, wölch der correction prestan tregt, habe soüil nit mügen zum corrigieren pringen, das, wie pillich sein solt, im truck corrigiert solt worden sein, villeicht zu einer verachtung beschehen, vber solchs auch zeyt vnd stund seines versprechens nit vollendt, hab also das alt exemplar von newem widerumb pronunctiert einem andern substituten, vnnd dem Ersamen Hainrich Stainer Burger vnnd Buchtrucker zu Augspurg zugestelt, mit vorbedingter meiner selbs corrigierung, darumb ob bayde exemplar nit gleich wurdenn sein, ist die vrsach, wie gemelt, dich aber will ich ermanen vnd gemant haben, dem selbigen mynder denn disem, glauben vnnd vertrauwen zugeben, vnd dich dyses benügen lassen, vnd als das vonn mir corrigiert, vnnd emendiert ist worden."

Das grosse Werk hat also Hohenheim eigenhändig geschrieben und dann seinen Gehülfen zweimal in die Feder diktiert, nur, weil ihn die erste Drucklegung nicht voll befriedigte; daraus erhellt, wie ernst er es auch mit dieser Arbeit nahm. Dass er auch früher schon in gleicher Weise sich der Verantwortung dessen, was unter seinem Namen erschien, bewusst war und dass er seine Diktate auf ihre Druckfähigkeit hin besonders prüfte, geht auch noch aus einer andern Stelle hervor. Gleich nach seinem Aufenthalt im Elsass, wo ihn Oporin begleitete, schreibt er im Dezember 1529 aus Beratzhausen in der Pfalz, wahrscheinlich an den Nürnberger Stadtphysikus Magenbuch: „Ich bin fleissig am Schreiben und zum Druck fertig machen." Das nennt dann Oporin „seine Einbildungen ausspeihen" und Zimmermann: „alle seine Schriften sind im Rausche geschrieben."

Doch wir eilen zum Schluss. Für das, was wir uns vorgesetzt hatten, Hohenheim's äussere Lebensumstände, seinen Charakter und seine Anfassung seines ärztlichen Berufes zu schildern, wird das Vorstehende genügen.

Das harte Leben bei angestrengtester, gewissenhaftester Arbeit, seine chemischen Versuche in gewiss meist unzulänglichen Räumen, dazu das viele Arbeiten mit metallischen Giften bei ungenügender Reinhaltung des Körpers, die vielen seelischen Leiden durch Verlästerung und Verleumdung gerade von solchen, denen er Gutes erwiesen, die immer neuen Enttäuschungen, denen er ausgesetzt war, hatten seinen an sich nicht übermässig kräftigen Körper frühzeitig zerrüttet.

Als er gegen Ausgang 1540 oder im Frühjahr 1541 von seiner zweiten Heimat Villach aus, wohin er sich zuletzt geflüchtet hatte, wie es scheint einer Aufforderung des Erzbischofs Ernst nach Salzburg zu kommen, Folge leistete, war das des Vielgewanderten letzter Weg.

Auch die schöne Hoffnung, die ihm hier neu zu leuchten schien, trog ihn wieder. Am 24. September starb er in Salzburg, nachdem er drei Tage vorher, auf einem Ruhebette lagernd, mit schwacher Stimme einem Notarius, der den poetischen Namen Kalbsohr führte, seinen letzten Willen diktiert hatte.

Diese Thatsachen widerlegen auch unzweifelhaft die Sage, dass er einem Raufhandel zum Opfer gefallen sei, denn auch sein Tod musste noch von seinen Gegnern beschmutzt werden.

Sein Testament, wie das Inventar seiner Hinterlassenschaft ist uns erhalten blieben.

Seinen nicht ganz unerheblichen Nachlass vermachte er, nachdem das wertvollste Stück der Abtei Einsiedeln, der er nach Mutterrecht hörig war, zugesprochen und einige Legate bestimmt waren, den Armen, auch so noch wieder denen Gutes zu thun, denen er sich im Leben hatte zurechnen müssen, weil er die Wahrheit liebte und — sie auch sagte.

Er spricht in der Vorrede zum Buche von der Pest sich selbst darüber aus und mit diesen seinen Worten, die ihn als das Gegenteil dessen kennzeichnen, was seine Feinde aus ihm gemacht haben, wollen wir schliessen:

„**Habe kein Acht meines Elends, Du Leser, lass mich mein Übel selbst tragen. Ich hab' zwei Gebrechen an mir, meine Armut und meine Frommheit. Die Armut ward mir vorgeworfen durch einen Bürgermeister, der etwa die Doktoren nur in seidenen Kleidern gesehen hatte, nicht in zerrissenen Lumpen an der Sonne braten. Jetzt wurde die Sentenz gefällt, dass ich kein Doktor sei. Der Frommheit werde ich von Pfaffen gerichtet, dieweil ich kein Zuthütler der Venus bin, auch mit nichten diejenigen liebe, die da lehren, was sie selbst nicht thun.**"